Silvia Fauck
Mid-Love-Crisis

PIPER

Zu diesem Buch

Aufgrund ihrer langjährigen Erfahrung als Liebeskummerexpertin und Beziehungscoach kann Silvia Fauck eines mit Sicherheit sagen: Das mit der Liebe wird im fortgeschrittenen Alter nicht leichter. Überhöhte Erwartungen und prägende Erlebnisse machen es schwierig, sich auf etwas Neues einzulassen. Wie es trotzdem gelingt und jeder mit dem perfekten Partner oder der perfekten Partnerin glücklich werden und auch bleiben kann, zeigt die Autorin anhand zahlreicher Fallbeispiele aus ihrer Praxis, in der sowohl Männer als auch Frauen allen Alters und mit Partnerproblemen jeder Art Hilfe suchen. Fundiert und einfühlsam gibt sie Tipps, wie man die klassischen Fallen einer Langzeitbeziehung frühzeitig erkennen und umgehen kann.

Silvia Fauck, Jahrgang 1953, ist Beraterin, Coachin, Dozentin und Motivationstrainerin. 2001 eröffnete die diplomierte psychologische Beraterin ihre erste Liebeskummer-Praxis in Hamburg, inzwischen betreibt sie diese Praxis in Berlin und hat weitere 50 Partnerpraxen in Deutschland, Österreich und der Schweiz. Sie ist die Expertin in Sachen Liebe und damit auch für diverse Medien tätig. Silvia Fauck hat zwei erwachsene Töchter und zwei Enkelsöhne.
www.liebeskummer-praxis.de

Silvia Fauck

MID LOVE CRISIS

Beziehungstipps für Fortgeschrittene

PIPER

Mehr über unsere Autoren und Bücher:
www.piper.de

FSC
www.fsc.org
MIX
Papier aus verantwortungsvollen Quellen
FSC® C083411

Originalausgabe
ISBN 978-3-492-31450-3
Februar 2020

Umschlaggestaltung: FAVORITBUERO, München
Umschlagabbildung und Vorlage Innenabbildungen:
Chones/Shutterstock.com
Satz: psb, Berlin
Gesetzt aus der Scala
Druck und Bindung: CPI books GmbH, Leck
Printed in the EU

Für Ben und Valentin.

Vorwort

2004 eröffnete ich die erste Beziehungs- und Liebeskummerpraxis in Deutschland.

Dem vorausgegangen war meine eigene schmerzhafte Trennung, die mich aus heiterem Himmel getroffen hatte. Ich war 49 Jahre alt und in meiner ersten Ehe weit über zwanzig Jahre verheiratet gewesen. Dann hatte ich nach zwei Jahren als Single meinen aktuellen Partner kennengelernt, mit dem ich über vier Jahren zusammen war. Bis das folgenreiche Fax kam. (Das war noch vor den Smartphone-Zeiten, sonst hätte ich wahrscheinlich nur eine WhatsApp bekommen.)

Ich war überhaupt nicht darauf vorbereitet. Von

einer Sekunde auf die andere brach meine Welt zusammen. Nichts war mehr wie vor dem Fax, in dem stand: »Ich möchte keine Verantwortung übernehmen. Ich bin beziehungsgestört.« Der wahre Grund war – wie hätte es anders sein können – eine andere Frau, was er aber natürlich abstritt. Mein Albtraum begann. Der Schmerz war unerträglich. Ich konnte nicht schlafen, nicht essen und verlor extrem an Gewicht. Meine Gedanken drehten sich permanent im Kreis. Das Atmen fiel mir schwer. Ich hatte mit Angstzuständen, Panikattacken, Herzbeschwerden und einer handfesten Depression zu kämpfen. Zu guter Letzt musste meine Galle entfernt werden, weil sich Gallensteine gebildet hatten. Mein Zuhause hatte sich zusammen mit meinem Partner einfach in Luft aufgelöst. Ich fühlte mich heimatlos. Er hatte mir alles genommen: meine Liebe, mein Vertrauen, mein Glück, meinen Sex, mein Lachen, meine Lebensfreude. Ich war einsam und allein, wäre am liebsten unter den Teppich gekrochen, um mich dort vor der Welt zu verstecken. Jede Minute wurde zur Ewigkeit. Es gab nur noch Trauer und Schmerz und leider nie das Gefühl einer heilsamen Wut. Mein erster und mein letzter Gedanke täglich galten meiner großen, verflossenen Liebe. Und immer bohrte in mir die Frage nach dem Warum. Der Versuch, in den Urlaub zu fahren, scheiterte, denn ich hatte meinen Kummer mit im Gepäck. Ich brach die Reise nach drei Tagen ab.

Besonders niederschmetternd waren die Berichte »guter Freunde«, die meinen Ex mit seiner neuen Partnerin getroffen hatten und mir erzählten, dass sie ständig seine Hand gestreichelt habe. Und dabei trug er jenes Hemd, das ich ihm in unserem letzten gemeinsamen Urlaub geschenkt hatte.

Bis ins Herz traf mich, als er sagte: »An der Neuen liebe ich so sehr, dass sie finanziell und emotional unabhängig ist.« Die Nackenschläge nahmen kein Ende. Natürlich machte er auch auf »unserer« Insel mit ihr Urlaub. Ich fiel tiefer und tiefer. Wochenenden und Feiertage wurden zu meinen Feinden, mein Büro zu meinem Lebensmittelpunkt. Dort lebte und arbeitete ich, starrte stundenlang auf den PC. Danach ging ich schlafen – bis die Morgendepression wieder vor meinem Bett stand und mich aufweckte. Dieser Zustand hielt über zwei Jahre an. Richtig kummerfrei fühlte ich mich jedoch tatsächlich erst nach fünf Jahren.

Während dieser Zeit, genauer gesagt nach einem Jahr Kummer, beschloss ich, meine schon vorhandene psychologische Praxis in eine Beziehungs- und Liebeskummerpraxis umzuwandeln. Mir war klar, dass ich nicht der einzige erwachsene Mensch auf Erden war, der an dem Schmerz, verlassen worden zu sein, zu zerbrechen drohte. Aber wo bekam man sofort Hilfe oder Beratung, ohne gleich eine Therapie zu machen (auf die man im Übrigen noch viele Monate warten müsste)? Ich selbst drehte mich mit meinem Kummer im Kreis, dann verschwand er für eine Weile, doch immer wenn ich dachte, ich bin über den Berg, kam der Albtraum zurück, und ich stand wieder am Anfang der Trauer. Oft kannte ich den Anlass für dieses Wiederkehren nicht, mal war es ein Lied aus der gemeinsamen Zeit, mal duftete ein Mann nach »seinem Parfüm« oder Freunde berichteten, »ich habe die beiden gesehen – Hand in Hand«. Einmal sah ich selbst die zwei im Segelklub an der Alster, er hatte ein Poloshirt an, das ich ihm geschenkt hatte. Danach kämpfte ich zwei Wochen lang wieder mit depressiven Zuständen. Die beste Therapie war für mich die Arbeit mit meinen Klienten. Dank dieser stieg mein Selbstwertgefühl wieder. Ich fühlte mich nicht mehr alleine auf weiter Flur, sondern konnte meinen Klienten Trost geben. Anderen Menschen zu helfen ist eine wunderbare Therapie.

Ich erarbeitete mir ein Konzept, wie ich Betroffene effektiv unterstützen konnte. Das Konzept ließ ich als Marke schützen. Und los ging es.

Seit 15 Jahren berate ich nun Paare, Verlassene, einsame und unglückliche Menschen.

Meine Klientel ist bunt gemischt: von Studenten über Lehrer bis hin zu Politikern und TV-Stars. Frauen und Männer kommen zu gleichen Teilen in meine Praxis. Meine Patienten sind frisch verlassene Menschen; Menschen, die ihren Partner verlassen möchten und nicht wissen, wie sie das, ohne Leid zu verursachen, anstellen sollen; einsame Menschen, die sich einen Partner wünschen; Paare mit unterschiedlichsten Problemen in ihrer Partnerschaft.

Jede Geschichte meiner Klienten ist anders, wenn sich die Lebensmuster auch manchmal wiederholen. Jeder Mensch ist einzigartig, und keine Beziehung gleicht der anderen.

TEIL 1

Woran die Liebe heute krankt

Rollenkonflikte

16,8 Millionen Alleinstehende leben heute in Deutschland. Nie zuvor gab es so viele Singles, das belegen auch die neuesten Studien von ElitePartner und Parship. 82 Prozent der deutschen Singles sehnen sich nach der großen Liebe. 53 Prozent davon suchen im Internet ihr Liebesglück und über 7,4 Millionen Deutsche haben ihren Partner online kennengelernt.

In den letzten zehn Jahren hat sich das Verhältnis von Frauen und Männern grundlegend verändert. Das war ein schleichender Prozess. Heute kommen meine Klienten mit ganz anderen Problemen, Wünschen und Ängsten zu mir als früher. Vor Jahren waren meine männlichen Klienten circa 25–30 Jahre alt und berichteten mir Dinge wie: »Ich möchte eine Familie gründen, eine Frau, Kinder und ein glückliches gemeinsames Leben im Kreis meiner Lieben. Ich bin der Mann und möchte meine Familie auch allein versorgen.« Um dieses Ziel zu erreichen, waren die Herren bereit, sich coachen zu lassen und auch Ratschläge umzusetzen. Sie zeigten Verständnis für die Bedürfnisse der Partnerin.

Heute kommen Männer ab dem vierzigsten Lebensjahr zu mir und berichten etwas ganz anderes: »Ich möchte keine Verantwortung übernehmen, benötige keinen Trauring – das ist doch alles Quatsch. Meine Partnerin soll weiterarbeiten, wenn Kinder kommen, dann teilen wir uns die Arbeit. Sie soll sich ihre Wünsche (Kleidung, Handtaschen etc.) selbst erfüllen. Jeder soll seinen eigenen Freundeskreis haben, und ich bleibe weiter auf Partnerseiten angemeldet. Vielleicht kommt ja mal der große Hit der Saison.« Immer auf der Suche nach etwas Besserem!

Bei den weiblichen Klienten entsprechen die Vorstellungen von einer Beziehung viel eher denen, die auch schon vor Jahren geäußert wurden, mit einer einzigen signifikanten Veränderung: Wenn der Mann nicht in allen Bereichen spurt, dann trennt man sich. Umgehend.

Dabei erwartet die Frau von heute schier Unmögliches von ihrem Mann: Er soll der starke Held sein, viel verdienen, humorvoll und intelligent sein, gleichzeitig ein begabter Handwerker, ein super Lover und immer verständnisvoll. Außerdem sollte er natürlich kochen und Windeln wechseln können.

Nicht minder unrealistisch sind die Erwartungen vieler Männer: Frauen sollen attraktiv, klug, nett, lustig und gute Köchinnen sein. Außerdem sexy und liebevolle Mütter. Sie sollen alles alleine können, aber nicht zu selbstständig sein. Und vor allem sollen sie ihren Mann anhimmeln.

Das ist alles schön und gut, im Alltag allerdings kaum umzusetzen. Wie soll das funktionieren, wenn zwei Alphatiere, beide selbstbewusst und finanziell unabhängig, aufeinandertreffen? Dazu kommt, dass Menschen, die lange allein gelebt haben, oft nicht mehr bereit sind, sich voll auf eine Partnerschaft einzulassen, sich auch mal unterzuordnen oder Kompromisse einzugehen.

Der Anfang einer Beziehung ist immer ein Traum, alles wird durch die rosarote Brille betrachtet. Doch dann schlägt das Leben zu und *bums*, die Idylle bröckelt an allen Ecken und Enden. Anfangs geben sich beide Seiten große Mühe, zu gefallen. Nach ein paar Monaten fällt jeder automatisch in sein eigenes altes gewohntes Muster zurück. Oft traut man sich nicht, die ersten aufkommenden Probleme zu besprechen, das ist ein großer Fehler.

Unstimmigkeiten sollten immer sofort angesprochen und geklärt werden. Das erleichtert auf Dauer das Zusammenleben ungemein.

Frauen sind heute unabhängiger denn je. Vom gut bezahlten Job bis hin zu handwerklichen Skills sind sie gut aufgestellt. Männer hören oft den Satz: »Ach, lass nur, ich mach das schon selbst.« Das hat zur Folge, dass Frauen den Respekt vor ihrem Partner verlieren. Sie brauchen ihn nicht, denn sie können alles alleine. Er wiederum denkt: »Dann mach doch«, verliert dabei aber seine Rolle als Held.

Nicht jeder Partner muss alles können, ganz im Gegenteil: Wenn in einer Beziehung jeder alles beherrscht, kann das sogar zum Problem werden. Das A und O einer intakten Partnerschaft ist, sich gegenseitig zu ergänzen. Es reicht, wenn einer der Partner zum Beispiel gut mit den Finanzen umgehen kann oder den Garten pflegt. Der andere kocht dafür lieber oder ist gut darin, Urlaube zu planen.

Mein Job oder dein Job? Welcher ist wichtiger? Auch das ist ein ganz großer Streitpunkt in modernen Beziehungen. Für Frauen spielt die Karriere mittlerweile oft eine genauso große Rolle wie für ihre Männer, und damit ist ständiger Stress und Streit um Kindererziehung und Haushaltsführung meist vorprogrammiert. Wenn bei diesem Thema keine Einigung gefunden wird, die beide Seiten zufriedenstellt, wird es kompliziert. Dann bleiben der Respekt, die Rücksicht und die Achtung voreinander auf der Strecke. Und das kann auf Dauer nicht gut gehen.

Was unsere Geschlechterbilder und die Rollenverteilung von Mann und Frau angeht, hat sich in den letzten Jahren viel verändert. Oberflächlich betrachtet gibt es heute kaum mehr etwas, was es nicht gibt: Männer können Hausmann und Kindererzieher sein, Frauen sind erfolgreich im Beruf, jüngere Männer leben mit deutlich älteren Frauen zusammen, Fünfzigjährige gebären noch Kinder und scheinen dafür bald nicht mal mehr einen Mann zu brauchen. Doch diese Entwicklung findet nicht statt, ohne dass beide Seiten ihren Preis dafür zahlen.

Wir Frauen haben jahrelang dafür gekämpft, im Job angemessen bezahlt zu werden, gleichen Lohn für gleiche Arbeit zu bekommen. Wir wollten gesellschaftliche Freiräume, wir wollten unsere eigenen Zigarrenklubs, wir wollten Beruf und Familie vereinbaren, wir wollten Superwoman sein – und die Männer sollten uns dafür lieben. Nun haben wir vieles davon erreicht, doch wie die Männer damit umgehen, steht auf einem ganz anderen Blatt.

Denn die Selbstermächtigung der Frauen kratzt nicht ganz unerheblich am Selbstwertgefühl und am Image der Männer. Sie dürfen sich jetzt nicht mehr als Helden und Ernährer fühlen, die beruflich erfolgreich sind und die Familie ganz allein finanziell versorgen. Dabei haben sie diese Rolle doch über Jahrtausende hinweg eingeübt: morgens rausgehen und das Wild erlegen, abends mit der Beute zurückkehren und sich dafür feiern lassen. Und dann kommen die Frauen daher und werfen diese Rollenmuster innerhalb einer einzigen Generation vollkommen über den Haufen. Wie soll »Mann« sich da noch zurechtfinden? Dieses Dilemma bestätigt übrigens auch der Schauspieler und Filmemacher Simon Verhoeven in einem Interview mit der *Bunten*: »Männer wissen einfach nicht mehr, was ihr Lebensentwurf ist, was Frauen von ihnen erwarten. Irgendwie sehnen wir uns sogar nach dem 50er-Jahre-Bild, als der Mann noch der Ernährer war.«

Dr. Stefan Woinoff, Facharzt für psychosomatische Medizin und Psychotherapie sowie Autor des Buches »Überlisten Sie Ihr Beuteschema«, sieht in diesen Entwicklungen sogar eine Ursache dafür, dass manche Menschen überhaupt keinen Partner finden. Denn selbst heute noch wirkt das »archaische Beuteschema«: Frauen tendieren dazu, sich Männer mit einem hohen finanziellen Status als Partner zu suchen, weil die Chancen, die Familie »durchzubringen«, dann besserstehen. Da sie aber oft selbst beruflich erfolgreich sind, wird die Auswahl an Männern mit mindestens gleichem, besser noch höherem Einkommen immer geringer. Das hat nicht zuletzt gesellschaftliche Auswirkungen, denn Frauen wünschen sich zwar eine Frauenquote in hohen Führungspositionen – für den eigenen Mann soll dort aber auch noch Platz sein.

Dabei darf man sich jedoch nicht dem Trugschluss hingeben, dass alle Frauen über diese Entwicklung besonders glücklich sind. Es gibt auch heute noch genug Frauen, die lieber zu Hause wären und es für die Familie schön machen möchten, sich um Haushalt und Familie kümmern wollen, statt Karriere zu machen.

Auf der anderen Seite sind Frauen in hohen Positionen interessanterweise gerade deshalb so erfolgreich, weil man mittlerweile erkannt hat, dass ein teamorientierter Führungsstil wesentlich effizienter ist als der lange Zeit von Männern gepflegte autoritäre Führungsstil. Im Umkehrschluss bedeutet das aber auch: Frauen haben ihre fürsorgliche, mütterliche, beziehungsorientierte Rolle ebenso verinnerlicht wie Männer die des durchsetzungsfähigen, starken Jägers und Beschützers.

Und nicht wenige dieser Frauen finden – trotz ihres Erfolges – in ihrem Job häufig nicht die alleinige Erfüllung, sondern wünschen sich zusätzlich eine Familie. Wahrscheinlich überrascht es niemanden, wenn ich verrate, dass 95 Prozent der ledigen Frauen, die in meine Praxis kommen, insgeheim von einer romantischen Hochzeit mit weißem Kleid und allem Drum und Dran träumen. Hinzu kommt, dass sich viele meiner Klientinnen, die kleine Kinder haben, vollkommen zerrissen fühlen zwischen dem Anspruch, den Anschluss im Job nicht zu verpassen, und dem Wunsch, sich am liebsten die ersten drei oder vier Jahre nur um die Kinder zu kümmern. Aber Letzteres wagen diese Frauen kaum noch zuzugeben, weder ihren Freundinnen noch ihrem Partner gegenüber – ein erschreckendes Phänomen, das aus meiner Sicht nicht unwesentlich mit dem Druck zusammenhängt, den die Medien auf »die moderne und erfolgreiche Frau von heute« ausüben.

Aus meiner eigenen Erfahrung kann ich sagen: Mir hat die Rolle als Hausfrau und Mutter immer sehr gut gefallen und mich durchaus erfüllt, als meine Kinder noch klein waren, und gleichzeitig musste ich schon damals – vor über zwanzig Jahren! – die Häme einiger Leute ertragen, die meinten, eine Frau, die nicht arbeitet, sei automatisch ein »Dummchen am Herd«.

Heute bin ich selbst erstens geschieden, zweitens erfolgreich berufstätig und drittens: ohne Partner! Gerade in letzter Zeit erhalte ich von Männern häufig das Feedback, dass sie Angst haben, mit einer erfolgreichen Frau nicht fertigzuwerden. Deshalb versuchen sie erst gar nicht, bei ihr zu landen. Ein anderer nannte mich sogar ein »Gesamtpaket«, weil ich alles alleine kann: arbeiten, Geld verdienen, immer gut gelaunt sein und für jedes Problem eine Lösung finden. Aber bitte, liebe Männer: Frauen sind weder »Gesamtpakete«, noch sind sie Menschen, mit denen »Mann« in erster Linie »fertigwerden« muss! Berufstätige und erfolgreiche Frauen sind ganz normale Wesen, die sich nach Liebe, Aufmerksamkeit und Zärtlichkeit sehnen. Und da haben wir mit den Männern doch durchaus einiges gemeinsam.

Denn umgekehrt ist es schließlich auch nicht so, als hätten Männer keine Seele, was wir Frauen den patriarchalen Anzugträgern ja lange Zeit unterstellt haben. Auch ein Mann ist durchaus dankbar, wenn er mal ein Kompliment bekommt und wenn »Frau« ihm das Gefühl gibt, gebraucht zu werden. Der letztgenannte Punkt steht allerdings zur Disposition, wenn eine Frau besser verdient als ihr Mann, auch sonst in jedem Lebensbereich bestens allein zurechtkommt und nebenbei noch problemlos Haushalt und Kindererziehung managt.

Die Tatsache, dass der Mann sich neben einer solchen Superfrau nicht mehr wohlfühlt, erklärt wahrscheinlich auch folgendes Studienergebnis: Männer sind zwar inzwischen so weit, dass sie intelligente, selbstbewusste und unabhängige Frauen anziehend finden. Durchsetzungsstarke, beruflich erfolgreiche und finanziell gut gestellte Frauen werden hingegen eher als unattraktiv empfunden.*

Männer, die ihrer Partnerin gegenüber Minderwertigkeitsgefühle haben, neigen übrigens dazu, sich die fehlende Anerkennung woanders zu suchen – zum Beispiel bei einer niedriger gestellten Kollegin oder der Nachbarin, die »nur« Hausfrau ist.

* Singlestudie von ElitePartner.de, Juli 2008, 10 067 Teilnehmer

In meiner Praxis habe ich es häufig erlebt, dass sich gerade offene, »moderne« Paare gern der Illusion hingeben, bei ihnen sei das alles anders. Wie oft passiert es dann doch, dass einer der beiden weinend in meiner Praxis sitzt, weil der andere fremdgegangen ist, und zwar mit jemandem, der doch »so absolut unter seinem/ihrem beziehungsweise meinem Niveau ist«! Aber von diesem Jemand bekommen sie eben genau die Bestätigung, die ihnen zu Hause verwehrt wird. Und Anerkennung und Achtung sind in diesen Beziehungskonstellationen die Dreh- und Angelpunkte, an denen sich die Partnerschaft beziehungsweise ihr Scheitern bemessen lässt. So kommt es, dass sich die erfolgreiche Frau fürs Bett den Generaldirektor angelt, weil sie den Windeln wechselnden Partner nicht mehr attraktiv findet. Oder dass sich der erfolgreiche Mann zum Schäferstündchen mit seiner Assistentin trifft, weil ihm die Hausfrau daheim zu langweilig ist. Seitensprünge gibt es in jeder Schicht der Gesellschaft, die Beispiele, die mir in meiner Praxis begegnen sind so vielseitig wie die Menschen. Mal ist die Hausfrau zu Hause zu langweilig oder zu prüde, dann wird fremdgegangen, weil der Mann einen spannenden Kick benötigt. Der andere fühlt sich neben einer starken berufstätigen Frau vielleicht minderwertig und nicht ausreichend respektiert, dieser sucht daher Bestätigung bei einer anderen Frau, die ihn anhimmelt und ihm das Gefühl gibt, der Held zu sein. Und in beiden Fällen sind diese Seitensprünge absolut ungerecht, falls man in diesem Zusammenhang von Gerechtigkeit sprechen kann. Denn beide Betrogenen leisten schließlich ihren Anteil am Funktionieren des gemeinsamen Familienlebens – nur wird der Partner, der zu Hause bleibt, in der Regel weniger geachtet, egal ob Mann oder Frau.

Das rät die Expertin

Setzen Sie sich mit Ihrem Partner oder Ihrer Partnerin zusammen und sprechen Sie genau über diese Dinge: Wie möchten wir unser Zusammenleben gestalten? Wie teilen wir uns die Arbeit im Haushalt? Wer bleibt wie lange zu Hause, wenn ein Kind kommt? Bewährt haben sich auch zeitlich aufeinander abgestimmte »Karrierepläne«, in denen zum Beispiel festgelegt wird: Die nächsten drei oder fünf Jahre steht meine Karriere im Vordergrund, anschließend halte ich dir stärker den Rücken für deine Karriere frei. Sie sollten sich nicht scheuen, so etwas auch schriftlich festzuhalten, denn das Erinnerungsvermögen hat schließlich schon so manchem einen Streich gespielt.
Man sollte sich zudem bewusst darüber sein, dass Strukturen, die sich im Alltag ein-

schleichen und zu Gewohnheiten werden, nur sehr, sehr schwer zu durchbrechen sind. Nicht umsonst sprechen wir von der »Macht der Gewohnheit«. Wer also meint, dass sich die Dinge schon irgendwie regeln werden, wenn es erst einmal so weit ist – wenn beispielsweise ein Baby da ist oder ein Jobangebot kommt, das man unmöglich ablehnen kann –, der täuscht sich nicht nur häufig, sondern verpasst meist auch die Chance zur aktiven Gestaltung des Zusammenlebens.
Reden Sie miteinander über Ihre Vorstellungen und Erwartungen. Erlauben Sie sich, Mann beziehungsweise Frau zu sein, und lassen Sie sich von den überzogenen Rollenbildern, die die Medien häufig vermitteln, nicht unter Druck setzen.
Schätzen Sie wert, was Ihr Partner im Alltag für die Familie und die Partnerschaft leistet – ganz gleich ob das die Arbeit im Haushalt und bei der Kinderversorgung betrifft oder die finanzielle Absicherung der Familie. Und: Nur weil ein Partner den Part im Haushalt übernommen hat, bedeutet das nicht automatisch, dass der andere sich am Wochenende einfach hinsetzen und bedienen lassen kann!

Liebeskummer in einer Beziehung

Wenn die Liebe geht und eine Beziehung endet, folgt der tiefe Fall – nicht nur emotional, sondern auch körperlich. Liebeskummer kann die unterschiedlichsten Krankheiten auslösen, von Migräne bis zum Broken-Heart-Syndrom. Doch auch während einer Beziehung kann man am Kummer und an der Sehnsucht nach Glück und Liebe ersticken, wenn die Kommunikation zwischen den Partnern auf der Strecke bleibt. Häufig entwickelt sich daraus eine Depression.

Die Zeiten, in denen man zusammenblieb, weil man wirtschaftlich von der Partnerschaft abhängig war, sind zum Glück vorbei. Gleichzeitig sind aber auch die Erwartungen an die Liebe gestiegen: Jeder möchte glücklich sein, zugleich aber komplett unabhängig bleiben und auf nichts verzichten. Diese Forderungen sind nicht leicht zu erfüllen, und ohne Kompromisse kann eine solche Beziehung nicht funktionieren – und wenn der Versuch dennoch scheitert, wird der Partner einfach durch den nächsten ersetzt.

In den letzten Jahrzehnten haben sich Frauen sehr verändert, sind stark und unabhängig geworden – womit viele Männer nicht umgehen können, weil sie diese Veränderung nicht selbst durchgemacht haben. Männer haben sich im Wesentlichen weniger aus ihrem klassischen Rollenbild herausbewegt, als die Frauen, die sich emanzipiert haben und hervorragend auch ohne Mann klarkommen, das war vor Jahrzehnten noch undenkbar. So haben die Männer ein Stück ihre Rolle als Ernährer und Oberhaupt der Familie verloren. Das Ergebnis sind zwei Weltbilder, die häufig nicht mehr zusammenpassen.

Bei manchen ist es das erste Kind, bei anderen sind chronische Eifersucht, zu viel Arbeit oder Untreue schuld daran, dass eine Beziehung in eine Krise gerät. Uneinigkeit über die Rollen- und Aufgabenteilung führt nicht selten zum Streit, und auch das Burn-out-Syndrom nach gescheiterten Fernbeziehungen ist in der Liebeskummerpraxis bekannt. Vergessen wir auch das Thema Patchworkfamilie nicht: Die Kinder der Partner verstehen sich nicht, es herrscht Eifersucht auf die Exfrau, Eifersucht auf die Kinder aus früheren Partnerschaften. Es gibt viele Gründe, warum die Liebe scheitern kann. Aber zum Glück gibt es auch eine Strategie, wie Sie die Liebe am Leben erhalten!

TEIL 2

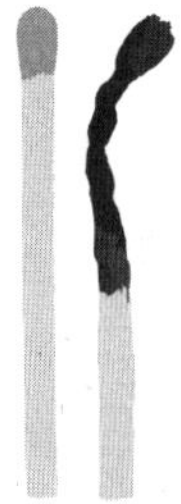

Plötzlich verlassen

Die Geschichte von GERD UND GUNDI

In der Regel ist die Verzweiflung groß, wenn jemand den ersten Schritt macht, zum Hörer greift und in meiner Praxis anruft. So ist es auch bei Gundi, die mit tränenerstickter Stimme spricht, als ich sie zum ersten Mal am Telefon höre. Sie hat zwei Wochen mit sich gerungen, bis sie sich zu dem Anruf überwinden konnte. Wie so viele dachte sie, dass sie allein mit ihrem Schmerz fertigwerden müsse, dass es ein Zeichen von Schwäche sei, wenn sie sich Hilfe suche. Nachdem ihre

Freundin Iris ihr zum wiederholten Male geraten hat, sich an mich zu wenden, ruft Gundi schließlich an und erscheint auch schon am nächsten Vormittag in meiner Praxis – eine freundliche, hübsche Frau, 51 Jahre alt.

Schon an der Eingangstür kommen ihr erneut die Tränen. Ich biete ihr ein Glas Wasser an. Sie lehnt ab, da sie weder essen noch trinken könne. Alles bleibe ihr im Halse stecken.

Gundi berichtet mir, dass sie seit 28 Jahren verheiratet sei, einen Sohn habe, der in München studiere, und dass sie und ihr Ehemann Gerd finanziell völlig unabhängig voneinander seien.

Vor einem Jahr habe sie bemerkt, dass sich ihr Mann irgendwie verändert habe. Besonders auffällig sei das geworden, nachdem er befördert worden sei. Sie habe sich das zwei Monate lang angeschaut und ihn dann zur Rede gestellt, ihn angesprochen, was denn los sei. Daraufhin erzählte ihr Gerd, dass er ein Verhältnis mit einer jüngeren Kollegin habe. Sie sei das absolute Gegenteil von Gundi: jung, lange dunkle Haare, sehr schlank, ohne Familie und schon jetzt im Job extrem erfolgreich.

Dieses Verhältnis erledigte sich nach nur drei Monaten, da die Kollegin die Affäre beendete. Sie fand es weder in Ordnung, die heimliche Geliebte zu sein, noch fand sie es korrekt, dass die Ehefrau die ganze Zeit über belogen und betrogen wurde.

Trotzdem fand Gerd keine innere Zufriedenheit. Gundi gegenüber klagte er, er wolle jetzt endlich mal nur für sich zuständig sein, frei sein in allen Lebensbereichen. Außerdem wolle er unbedingt so werden wie sein neuer beruflicher Coach. Der sei mittlerweile fast eine Art Guru für ihn. Wo der Weg hinführe, wisse er noch nicht, aber auf alle Fälle wolle er sich von ihr trennen und alleine leben. Schon in seiner Kindheit habe er immer unter Druck gestanden, seine Mutter habe nur beste Noten in der Schule und im Studium akzeptiert. Er wolle sich von alldem befreien. Jetzt, sofort.

Das alles musste sich Gundi seit zwei Monaten anhören. Sie hat in dieser Zeit stark abgenommen, und es fiel ihr schwer, sich auf ihren Beruf zu konzentrieren. Auch der erwachsene Sohn in München wurde informiert, dass die Eltern sich trennen würden, was Gundi sehr schmerzte.

Ganz typisch an dieser Geschichte ist, dass Gerd seiner Frau anbietet, am besten zunächst nur getrennt zu leben. Sicherlich fänden sich dann Schnittstellen, die beide verbinden würden und die sie dann gemeinsam nutzen könnten. Erst einmal aber wolle er frei sein.

So der Stand der Dinge, als meine Klientin das erste Mal zum Gespräch zu mir kommt.

Bei unserem nächsten Treffen berichtet Gundi, dass ihr Ehemann sie ständig anrufe, sie frage, wie es ihr gehe, und sich entschuldige, dass er sie enttäuscht und ihr wehgetan habe. Gern würde er sich mit ihr zum Abendessen treffen, am liebsten dreimal die Woche, damit sie nicht so einsam sei.

Das ist natürlich für Gerd die einfachste Lösung: Er hat sein freies Leben, trifft sich großzügig regelmäßig mit seiner Noch-Ehefrau und hat damit sein Gewissen beruhigt. Die Ehefrau hingegen geht dreimal die Woche in der Hoffnung nach Hause, dass ihr Ehemann irgendwann zu ihr zurückkommen wird.

Diese seelische Anspannung verhindert, dass Gundi sich gedanklich auf ein neues eigenes Leben einlassen kann. Noch nicht einmal die Trauer kann sie leben, denn die Hoffnung auf eine Versöhnung überdeckt alles andere.

Das alles zeige ich Gundi auf und rate ihr, ihrem Partner, den sie noch am selben Abend wieder treffen will, zu sagen, dass sie sich jetzt Abstand wünsche. Immerhin war er derjenige, der ausgezogen ist. Er hat also kein Recht, sie ständig anzurufen und sie so daran zu hindern, nach vorne zu blicken.

Gundi bereitet es große Probleme, sich nach den vielen Ehejahren ein eigenes Leben aufzubauen. Der Sohn ist außer Haus, kurz darauf wird sie von ihrem Ehemann verlassen, der sich verwirklichen will und auf der Suche nach sich selbst ist. Gundi fühlt sich entwurzelt, haltlos und hintergangen. Hintergangen, weil Gerd sie nach all den Jahren einfach völlig allein in der Welt zurückgelassen hat. Sie ist über fünfzig und wäre nie auf die Idee gekommen, dass sie in diesem Alter ihr Leben noch einmal ganz neu gestalten muss. Das war nie ihr Wunsch, und natürlich hat sie Angst vor der Zukunft. Ihre Welt ist zusammengebrochen.

Doch wie für alle gilt auch für Gundi: Nach einer Trauerphase und nachdem man langsam wieder zu sich selbst gefunden hat, fängt man an, sich wieder Ziele zu setzen und nach vorne zu schauen. Allerdings ist das nach so einer langen Ehe nicht innerhalb von drei Wochen zu meistern. Es gehören sehr viel Kraft und sehr viel Geduld dazu, einen neuen Weg zu finden, um das Leben wieder lebenswert zu gestalten.

Doch auch Gerd ist nach vielen Monaten noch immer nicht bei sich selbst angekommen. Er ist der Meinung, jetzt etwas Besonderes, etwas ganz anderes erleben zu müssen, um sich nicht mehr alt und kraftlos zu fühlen. Als Erstes kauft er sich ein dickes Motorrad, dann gestaltet er seine neue kleine Wohnung wie eine Studentenbude und tingelt abends durch Kneipen, die in der Regel von einem weitaus jüngeren Publikum bevölkert werden. Sein Verhalten wird immer armseliger.

Eine professionelle Beratung hätte Gerd sicher gutgetan, stattdessen lässt er sich ausschließlich von seinem Job-Guru beeinflussen, der ihm einredet, dass man jederzeit sein Leben ändern und Frau und Kinder hinter sich lassen kann, nur dann werde man beruflich erfolgreich.

All seine Energie in den Beruf zu stecken, ist natürlich totaler Quatsch, denn es liegt auf der Hand, dass Gerd mit seiner übermäßigen Arbeit etwas überdecken will. Vielleicht gibt es ein traumatisches Erlebnis in der Kindheit oder eine andere große Unsicherheit in seinem Leben, die hier zum Ausdruck kommt. Oft verstecken Männer sich hinter ihrer Arbeit oder auch hinter zu viel Sport. Da ich Gerd nie kennengelernt habe, kann ich nur mutmaßen.

Gundi dagegen arbeitet sehr hart an sich und bekommt Stück für Stück ihr Leben wieder in den Griff, auch wenn es eine Weile dauert. Wie fast alle Frauen beginnt sie zunächst damit, die Wohnung neu einzurichten, und verändert ihr Aussehen und ihre Frisur. Anschließend fliegt Gundi in den Urlaub, wo sie eine kleine Affäre hat, die sie außerordentlich beflügelt. Eine feste Beziehung wünscht sie sich momentan dennoch nicht.

So findet Gundi langsam ihren Weg zurück ins Leben und kann sich wieder über die kleinen Dinge freuen.

Gerd aber ist weiterhin auf der Suche nach einem neuen Leben. Er ist jetzt 59 Jahre alt und wartet noch immer auf das Gefühl der großen Freiheit.

Die Geschichte von HANNAH UND HEINZ

Hannah und Heinz sind seit über dreißig Jahren verheiratet und haben zwei Kinder. Hannah war immer Hausfrau, und Heinz betreibt eine Baufirma. Finanziell sind sie fantastisch aufgestellt, und die beiden Kinder sind mittlerweile aus dem Haus. Manchmal hat Hannah ein wenig mit der Gesundheit zu kämpfen, aber das ist ihrem Alter geschuldet. Die beiden leben in einem schönen Haus, haben einen großen Freundeskreis und können sich jeden Urlaub leisten. Außerdem gibt es noch ein Ferienhaus auf Sylt und eine kleine Ferienwohnung auf Mallorca. Das Leben der beiden funktioniert jeden Tag nach dem gleichen Schema, und es gibt keine großen negativen Einschränkungen.

Eines Tages bekommt Hannah unerwartet Post von einer Schulfreundin, die zu einem Klassentreffen nach fast vierzig Jahren einlädt und auf der Suche nach alten Klassenkameraden ist, die sie dafür motivieren kann. Hannah ist hellauf begeistert von der Idee, nach so langer Zeit die ehemaligen Schulfreunde wiederzusehen. Als der Tag des Treffens naht, ist sie aufgeregt und voller Vorfreude.

Das Klassentreffen wird ein voller Erfolg. Es sind so viele gekommen, die man anfangs gar nicht wiedererkennt, denn in vierzig Jahren haben sie sich doch alle sehr verändert. Es wird ein wunderbarer Abend, das Essen ist köstlich, und der Wein fließt in Strömen. Hannah fühlt sich wie berauscht. Endlich mal ein lockerer Abend – ohne Heinz.

Unter den vielen alten Schulfreunden trifft Hannah auch ihre Jugendliebe Henning wieder. Sie verabreden sich für den nächsten Tag, um vor Hennings Abreise nach Düsseldorf noch zusammen einen Kaffee zu trinken. Und es kommt, wie es kommen muss: Hannah verliebt sich erneut in ihre Jugendliebe.

Henning verdreht Hannah komplett den Kopf und macht ihr alle möglichen Hoffnungen. Dann reist er ab, zurück zu seiner Frau nach Düsseldorf. Auch Henning ist seit Jahrzehnten verheiratet.

Fortan ist Hannah zu Hause unglücklich. Alles ist falsch, alles ist langweilig. Sie fühlt sich von ihrem Mann nicht mehr ernst genommen und ungeliebt. Sie fragt sich, ob das schon alles war, was das Leben ihr zu bieten hat, oder ob es für sie mit sechzig Jahren vielleicht doch noch Überraschungen bereithält.

Von Monat zu Monat wird ihre Unzufriedenheit größer. Ihr Mann Heinz bemerkt nichts von ihrer Veränderung. Endlich nimmt sie all ihren Mut zusammen und teilt ihm mit, dass sie sich von ihm trennen möchte und in die Ferienwohnung nach Mallorca zieht.

Nun überschlagen sich die Ereignisse, die finanziellen Angelegenheiten werden geregelt, die Scheidung wird eingereicht, und die erwachsenen Kinder werden über die Trennung der Eltern informiert.

Hannah bekommt regelmäßig heimlichen Besuch von Henning. Dank ihm fühlt sie sich jung und begehrt. Niemals hätte sie zu hoffen gewagt, dass sie in ihrem Leben noch einmal einen derartigen Kick, derartige Liebesgefühle erlebt. Kurz bevor die Scheidung ausgesprochen wird, bekommt sie einen Anruf von Henning, der ihr mitteilt, dass er im Moment in Schwierigkeiten stecke und sich jetzt erst mal einige Tage nicht mehr melden werde. Hannah denkt an nichts Böses, macht sich keine Sorgen und wiegt sich weiter in der Illusion, ihren Lebensabend zusammen mit Henning verbringen zu können.

Nach der Scheidung erhält Hannah eine großzügige Abfindung und wird in diesem Leben wohl keine finanziellen Sorgen mehr haben. Alles scheint perfekt und lässt glauben, dass sich die Dinge für Hannah zum Guten gewendet haben, dass sie die richtige Entscheidung getroffen hat.

Heinz hingegen bleibt einsam zurück, versteht die Welt nicht mehr, denn immerhin hat er seiner Frau doch alles geboten, was sie sich nur hätte wünschen können. Sie konnte sich alles leisten, musste nie arbeiten, konnte in Ruhe für die Kinder da sein, und wenn Hannah krank war, hat sich Heinz rührend um sie gekümmert. Dass Hannah Zärtlichkeiten und Empathie vermisst haben könnte, weist Heinz entschieden von sich.

Für ihn beginnt jetzt eine schwierige Zeit. Hannah erfährt von gemeinsamen Freunden, dass er viel mehr Alkohol trinkt als früher, er weint sich bei den Nachbarn aus und legt sich einen Porsche zu. Auch er will jetzt mit aller Gewalt jung wirken. Er lässt sich gehen, lebt ungesund und wird dabei vor Einsamkeit krank. Mit über sechzig Jahren verlassen zu werden bedeutet für ihn, dass er wohl den Rest seines Lebens alleine bleiben wird. Heinz verfällt in eine Depression, schlägt vor lauter Unglück mit bösen Worten um sich und wirft Hannah vor, sie habe ihn nie geliebt, sei noch kälter als seine Mutter und könne nichts anderes, als sein Geld auszugeben.

Hannah, die nun auf Mallorca lebt, wundert sich, dass sie nichts mehr von Henning hört. Sie versucht, ihn per Telefon, per Mail und per Brief zu erreichen, es kommt aber keine Antwort zurück. Sie redet sich ein, dass er finanzielle Schwierigkeiten hat oder Probleme mit der Ehefrau und sich bei ihr melden wird, sobald seine Probleme gelöst sind.

Inzwischen sind drei Jahre vergangen. Hannah hat nie wieder etwas von Henning gehört.

Heinz aber hat ein neues Glück gefunden und dieses Glück umgehend geheiratet. In der Apotheke um die Ecke kam er immer öfter mit der freundlichen Apothekerin ins Gespräch, die vor zwei Jahren ihren Mann bei einem tödlichen Autounfall verloren hat. Zwischen Heinz und der Apothekerin entspann sich eine tiefe Freundschaft, aus der schon bald eine vertrauensvolle Liebe wurde, die sie schließlich mit einer wunderschönen Hochzeit krönten.

Hannah hingegen ist mittlerweile todunglücklich, rennt von einem Coaching zum nächsten und ist immer häufiger krank. Sie findet auf Mallorca zwar Freunde, verliert diese aber schnell wieder, weil sie einfach zu negativ eingestellt ist. Niemals hört man ein positives Wort von ihr, alles ist schlecht, alles ist falsch, und immer wieder kommen ihr Zweifel an ihren vergangenen Entscheidungen.

Sie gibt auch die Hoffnung nicht auf, dass sich Henning irgendwann erneut bei ihr melden wird. Inzwischen hat sie sogar einen Privatdetektiv engagiert, um herauszufinden, wo und mit wem Henning zusammenlebt. Dabei hat sie erfahren, dass er in einem kleinen Ort in Süddeutschland wohnt und seinem geregelten Alltag nachgeht. Er ist immer noch mit seiner Ehefrau zusammen. Doch auch diese Information schreckt Hannah nicht davon ab, weiter auf eine gemeinsame Zukunft mit Henning zu hoffen.

Sie wird immer depressiver und bösartiger und ist neidisch auf Heinz, der mit über sechzig Jahren noch einmal ein neues Glück gefunden hat, mit seiner neuen Liebe um die Welt reist und immer gute Laune hat. Sie fühlt sich vom Leben betrogen und ungeliebt, hadert mit der Vergangenheit und fragt sich, ob es ihr besser gehen würde, wenn sie bei Heinz geblieben wäre.

So hat sich das Blatt komplett gewendet. Hannah, die sich aus ihrer langen Ehe befreit hat, um noch einmal glücklich zu werden, lebt nun unglücklich und allein auf Mallorca und hat an ihrer finanziellen Unabhängigkeit überhaupt keine Freude.

Heinz dagegen fiel zwar zuerst in ein tiefes Loch, als er von seiner Frau nach vielen Ehejahren verlassen wurde, ohne recht zu verstehen, warum. Nach einer langen, schweren, einsamen Zeit hatte er jedoch das Glück, seine Traumfrau zu finden.

Heinz und seine neue Ehefrau kümmern sich übrigens ganz entzückend um die Enkelkinder.

Das rät die Expertin

Es gibt viele unterschiedliche Gründe, warum Menschen sich nach einer langen Beziehung trennen. Dabei ist es völlig egal, ob die Frau oder der Mann geht. Meistens verläuft der Alltag in diesen Beziehungen problemlos, eventuell sind die Kinder schon aus dem Haus. Und plötzlich bekommt einer der Partner seine Midlife-Crisis.

Unzufriedenheit macht sich breit, und man beginnt, sich zu fragen, ob das Leben, das man führt, wirklich schon alles war. »Ich möchte noch einmal ganz von vorne anfangen. Mein Leben ist langweilig, ich habe vieles verpasst und möchte das jetzt nachholen. Ich liebe meinen Partner nicht mehr und möchte neu durchstarten.« Das sind die häufigsten Sätze, die ich von Klienten höre, die ihren Partner nach langer Zeit verlassen möchten.

Natürlich gibt es auch die Variante, dass eine dritte Person auf der Bildfläche erschienen ist. Das heißt, einer der beiden Eheleute hat sich neu verliebt und möchte nun ein neues Leben beginnen. Das geht nicht immer gut. Wir alle wissen, dass das Gras auf der anderen Seite immer grüner ist. Doch das Glück mit dem neuen Traumpartner stellt sich oft als Illusion heraus. Nach der Trennung wird einem dann häufig klar: »Ich hätte nie gehen dürfen, ich hätte meinen langjährigen Partner nie verlassen dürfen.«

In der Regel haben Menschen diese Midlife-Crisis, wenn sie »nullen«, also zum Beispiel zum vierzigsten oder fünfzigsten Geburtstag oder spätestens mit sechzig Jahren. Dann beginnt die zweite Lebenshälfte, man hat die rosarote Brille abgenommen, und die Verliebtheit zum Partner ist eingeschlafen, der Alltag vollends eingekehrt. Plötzlich bekommt man das Gefühl: »Ich muss mich sofort trennen und mein Leben noch einmal umgestalten.«

Das ist alles schön und gut für denjenigen, der gehen möchte, doch für den verlassenen Partner, der nicht im Geringsten etwas von den Gefühlen des anderen geahnt hat, ist es der absolute Albtraum. Sein Leben gerät ins Wanken, alles bricht zusammen, und er fühlt sich einsam und verlassen.

Am Anfang des Liebeskummers ist jeder meiner Klienten davon überzeugt, dass er nie wieder die Kraft finden wird, neu zu beginnen und schon gar nicht jemals wieder glücklich zu werden. An eine neue Liebe ist überhaupt nicht zu denken.

Gott sei Dank lehrt uns das Leben aber etwas anderes. Nach der Trauerphase benötigen die meisten noch etwas Zeit, um wieder zu sich zu finden und neues Vertrauen zu fassen. Meine ältesten Klienten waren über siebzig Jahre alt. Und egal in welchem Alter – alle leiden gleich schlimm. Doch irgendwann dreht sich der Wind, und die Menschen können wieder Glück empfinden.

Ich rate allen, die ihren Partner oder ihre Partnerin nach langer Zeit verlassen möchten, sich unbedingt einen neutralen Coach zu suchen und mit diesem das Vorhaben zu besprechen. Der Vorteil dabei ist, dass dieser Coach das Problem auf der Metaebene betrachten und dann eine wertfreie Meinung äußern kann. Bitte diskutieren Sie das Drama nicht nur mit den besten Freunden oder der Familie, denn meist sind diese mit dem Thema überfordert. Dann drehen sich die Gespräche immer nur im Kreis und sind zwangsläufig parteiisch und subjektiv.

Durch einen wertfreien Coach haben Sie die Möglichkeit, die Lage klarer zu beurteilen. Oft ist man von den vielen widersprüchlichen Gefühlen, die in einem toben, überfordert und sieht nur noch die Trennung als Ausweg. Viel sinnvoller wäre es hingegen, Probleme genau jetzt anzugehen und zu lösen. Das gelingt mit einem solchen neutralen Coach.

Der Coach oder Berater hat keinerlei emotionale Bindung zu einer der beiden Parteien. So kann er die Sorgen ganz neutral regelrecht auseinanderpflücken. Das kann man sich wie ein Wollknäuel vorstellen, das abgerollt und komplett neu aufgerollt wird. Wir beginnen bei null, besprechen alles auf ein Neues, klären es und beginnen von vorne.

In meiner Praxis höre ich mir zuerst die Geschichte der Klienten komplett an.

Erst danach fange ich an zu sortieren, wie wir gemeinsam vorgehen, das ist bei jedem Klienten anders, jeder hat eine andere Vorgeschichte, und jede Partnerschaft verläuft

anders. Oft wird dem Klienten in diesem Zuge auch die Sichtweise des Partners klar, und Wut und Trauer legen sich.
In der Liebe und im Liebeskummer gibt es kein Schema F.
Meistens kommen meine Patienten mit einem geschädigten Selbstwertgefühl zu mir. Dementsprechend ist es zuallererst meine Aufgabe, den Klienten hier wieder aufzubauen und ihm zu einem größeren Selbstwertgefühl zu verhelfen. Wenn das gelingt, wird schon vieles leichter, und man kann die Probleme beim Schopf packen.

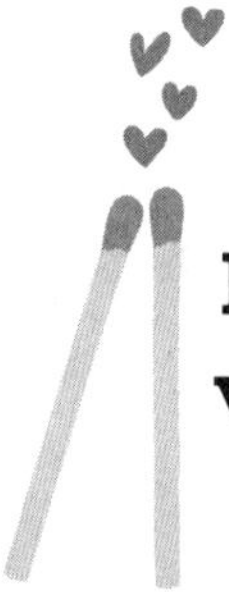

Plötzlich verliebt

Die Geschichte von BIANCA UND BEN

Immer wieder finden sich Klienten bei mir ein, die lange allein gelebt haben und sich eigentlich nicht fest binden wollten, dann aber jemandem begegnet sind, in den sie sich Hals über Kopf verliebt haben. Sie sind meist völlig durch den Wind, kommen mit ihren Gefühlen nicht mehr zurecht und fühlen sich überfordert und hilflos.

So auch Bianca. Ein Leben als Paar fand sie lange Zeit langweilig und nicht mehr zeitgemäß. Sie gehörte zu der Generation erfolgreicher Frauen, die von der Männerwelt enttäuscht sind und ihr Leben gestalten, wie es ihnen gefällt. Doch dann kam der Tag, an dem sich Bianca verliebte in einen Mann, der nicht frei war. Sie hatte mich im Fernsehen gesehen und fand die Idee, sich von einer wertneutralen Person coachen zu lassen, reizvoll.

Wir führten viele Gespräche, die Bianca dabei halfen, eine Entscheidung zu treffen, mit der sie glücklich und zufrieden war. Es widersprach ihren Prinzipien, etwas Ernstes mit einem Mann anzufangen, der in festen Händen war. Aber manchmal wenden sich die Dinge zum Guten und die Liebe siegt. Diese spannende Geschichte lasse ich Bianca selbst erzählen, damit sie auch wirklich authentisch ist:

»Ich, Bianca, bin insofern etwas ›Besonderes‹, als ich bis zum zarten Alter von 45 Jahren nie eine ›klassische‹ feste Beziehung hatte oder mit einem Mann zusammengelebt habe.

Ich kam nach der Wende direkt vom Studium aus dem Osten in den Westen. Ich war dreißig Jahre alt. Schon bald war klar, dass ich nicht nur für das geplante halbjährige Praktikum bleiben würde, sondern dauerhaft. Ich wurde von meiner Praktikumsagentur übernommen und machte relativ schnell ›Karriere‹, was mir an sich nichts bedeutete, aber mit Annehmlichkeiten verbunden war, die ich durchaus genoss. Ich hatte Erfolg, ich hatte Geld, wohnte in einer coolen Dachgeschosswohnung, fuhr ein teures, schnelles Auto und sah wohl genau so aus, wie ›Mann‹ sich eine erfolgreiche Frau vorstellt. In der kleinen bayerischen Stadt, in der ich lebte, wirkte das auf Männer aber eher abschreckend. Mir wurde oft gesagt, dass sich keiner an mich herantraue. Ich fand das unbegreiflich, weil ich nie eine arrogante Karriere-Tussi war, sondern eigentlich die unsichere, wenig selbstbewusste, sehr verletzliche, anlehnungsbedürftige (Ossi-)Frau. Ausgestrahlt habe ich aber wohl etwas anderes. Die Einzigen, die den Mut hatten, mich anzusprechen, waren Mega-Machos: verheiratet oder gefährlich. Oder beides. Ich hatte unzählige, zum Teil sehr wilde Affären (über »Fifty Shades of Grey« kann ich nur müde lächeln ...), war die (anscheinend ideale) Geliebte mehrerer verheirateter Männer und führte eine fast fünfjährige filmreife Beziehung mit einem Kriminellen, der als »Pate von L.« bekannt und berüchtigt war.

Um mir Nähe und ›Liebe‹ zu erschleichen, nach denen ich mich irgendwann so sehr sehnte, spielte ich immer wieder die Sexkarte aus – und litt dann unsäglich darunter, dass ich auch immer nur Sex bekam. Ich machte die Erfahrung, dass man fast alle Männer rumkriegen kann, wenn man weiß, welche Knöpfe man drücken muss; dass sie ihre Frauen und Ehen sofort vergessen und verraten, wenn eine mit roten Lippen und hohen Schuhen verheißungsvoll lächelt. Ich begann, die treulosen Männerschweine und ihre schwachen Frauen, die oft genug Bescheid wussten und den Betrug duldeten, zu verachten. Niemals wollte ich selbst eine dieser betrogenen Ehefrauen werden!

Nach einer letzten, vollkommen verunglückten Affäre mit einem verheirateten, vermeintlichen ›Alphamann‹ verlor ich den Glauben an die Liebe endgültig und beschloss ein für alle Mal: Ich bleibe allein und lebe MEIN Leben, ohne einen Mann. Ich hatte mit dem Thema abgeschlossen.

Ich begann, mein selbstbestimmtes, freies Singleleben zu lieben und in vollen Zügen zu genießen. Niemandem Rechenschaft schuldig zu sein, auf niemanden Rücksicht nehmen zu müssen, keine Kompromisse zu machen, niemanden um etwas zu bitten, zuallerletzt um Erlaubnis für irgendwas – für mich war das das ideale Leben. Mir fehlte absolut nichts. Nach all den Enttäuschungen war ich endlich ein wirklich glücklicher Single.

Doch dann traf ich bei einem Geschäftstermin Ben. Er war optisch überhaupt nicht mein Typ und vom Wesen her das genaue Gegenteil aller Männer, mit denen ich bisher zusammen gewesen war: sanft, in sich ruhend, grundsolide, verlässlich, ehrlich, humorvoll, selbstironisch, uneitel. Ich wusste sofort: Der ist es. Er war in einer langjährigen, nicht mehr glücklichen Beziehung und verliebte sich in mich, wie ich mich in ihn verliebte. Doch er wollte seine damalige Partnerin nicht verletzen, betrügen oder hintergehen. Es war schwierig und schmerzhaft und ging uns beiden an die Substanz.

Ich bin keine Kämpfernatur, aber um ihn habe ich gekämpft, mit aller Entschlossenheit. Ich wusste, das ist mein Mann fürs Leben. Fünf Jahre zuvor wäre ich noch nicht für ihn bereit gewesen. Jetzt, mit 45, war ich es.

Es dauerte ein halbes Jahr, bis wir – nach der Trennung von seiner Expartnerin in gegenseitigem Einvernehmen – zusammenkamen, uns das erste Mal küssten und den ersten Sex hatten (was für eine neue Erfahrung für mich, dass er vorher keinen Sex wollte!). Wir führten danach fast zwei Jahre lang eine Wochenendbeziehung, was die Hölle war, bis wir endlich in derselben Stadt wohnten und schließlich zusammenzogen. Drei Jahre nach unserem Kennenlernen haben wir geheiratet. Ich war 48, er 47. Für Kinder war ich schon zu alt, es hat wohl nicht sollen sein. Wir haben das beide akzeptiert und gönnen uns jetzt dafür Dinge, die sich nur kinderlose Paare gönnen können.

Dieses Jahr feiern wir unseren zehnten Hochzeitstag. Ich liebe an meinem Mann noch immer dieselben Dinge, in die ich mich damals verliebt habe: seine Aufrichtigkeit, Zuverlässigkeit und Loyalität, seine Bodenhaftung, sein Lachen, seine blauen Augen, seine Unterarme und, dass er ein Kindskopf ist. Ich weiß nach dreizehn gemeinsamen Jahren, dass ich ihm bedingungslos vertrauen kann, und ich denke, er weiß, dass es umgekehrt genauso ist. Das große Liebeslodern, die Leidenschaft der ersten Jahre, ist natürlich weg.

Aber die Flamme brennt noch immer, klein und stark. Und das, obwohl wir sehr verschieden sind. Ich bin eine überemotionale Mimose und Grüblerin, sentimental, empfindlich, ewig zweifelnd; er ist ein Fels in der Brandung, pragmatisch, ausgeglichen, ruhig, zupackend, im Augenblick lebend. Ich Akademikerin (womit er mich gerne aufzieht), er Handwerker, ich Ossi, er Wessi.

Dass es trotzdem funktioniert, liegt meines Erachtens daran, dass wir sehr ähnliche Wertvorstellungen haben. In Fragen der Moral, Politik, Religion, Rollenverteilung etc. stimmen unsere Auffassungen überein, und wir teilen bestimmte (nicht alle) Vorlieben. Ich glaube auch, dass wir die ideale Balance gefunden haben zwischen gemeinsamen Interessen und Unternehmungen und dem, was jeder für sich alleine hat und macht. Wir fahren jedes Jahr einmal zusammen und einmal getrennt in den Urlaub. Es klappt, weil wir das beide wollen und brauchen – und weil wir einander vorbehaltlos vertrauen.

Natürlich ist nicht immer alles nur eitel Sonnenschein. Sex spielt beispielsweise keine so große Rolle mehr. Dabei ist es eher so, dass ich das Gefühl habe, wir ›müssten‹ mehr Sex haben (weil alle anderen anscheinend noch nach 15 gemeinsamen Jahren täglich in wilder Leidenschaft übereinander herfallen), als dass ich es wirklich vermissen würde. Zärtlichkeit und Körperlichkeit sind uns aber nach wie vor sehr wichtig! Wir kuscheln, schmusen und küssen uns immer noch oft und gern. Bestimmte Rituale wie den morgendlichen Abschieds- und den abendlichen Begrüßungskuss oder die ›Ich liebe dich‹-SMS von unterwegs pflegen wir eisern. Wir haben uns beide verändert – auch was Grundwerte und die Lebenseinstellung angeht, wir sind zum Beispiel beide viel mehr ›öko‹ als früher –, aber in dieselbe Richtung und nicht auseinander. Vielleicht liegt das auch daran, dass wir viel reden und diskutieren, über alles.

Streiten können wir bis heute nicht richtig – auch wenn es mit den Jahren häufiger Anlass dazu gibt. Meist sind das aber Kleinigkeiten, Klassiker wie die leere Klopapierrolle oder meine Schlampigkeit, seine kleinen Macken, meine kleinen Macken, die einen dann plötzlich doch stören. In solchen Momenten ist es wichtig, bewusst gegenzusteuern und sich in Erinnerung zu rufen: Das laute Kauen mag nerven, aber dass er mich tröstet, wenn ich traurig bin, wiegt viel schwerer. Ist es das, was gemeint ist, wenn man sagt, dass Liebe auch Arbeit bedeutet?

Was mich wirklich ängstigt, ist, dass ich (etwa seit meinem 56. Geburtstag) manchmal wieder damit hadere, Kompromisse eingehen zu müssen – ohne die es in keiner Ehe geht. Ein Beispiel: Von Kindheit an zieht es mich in den Norden, das Fischland ist meine zweite Heimat, und mein größter Traum war es immer, dort zu leben. Während meiner Singlezeit unternahm ich öfter Versuche in diese Richtung, die aus verschiedenen, meist beruflichen Gründen scheiterten. Diese Gründe gibt es jetzt nicht mehr, es wäre also möglich, mir meinen Lebenstraum zu erfüllen. Allerdings hat mein Mann mir klar zu verstehen gegeben, dass er sich das nicht vorstellen kann. Das zu akzeptieren und meinen Traum zu begraben, fällt mir schwer. Zum einen schlägt da wohl die alte Single-Lebensart durch – ich habe zu lange komplett selbstbestimmt gelebt –, zum anderen ist mir plötzlich bewusst, dass das Leben endlich ist und für die Erfüllung von Lebensträumen nicht mehr viel Zeit bleibt.

Für meinen ›Fischlandtraum‹ haben wir nun aber eine Lösung gefunden. Eine Freundin entdeckte eine Anzeige, dass eine kleine Ferienwohnung auf Fischland zu verkaufen ist. Ben und ich haben jetzt beschlossen, diese Wohnung zu kaufen. So kann ich immer in der Nähe des Wassers sein und habe einen eigenen Ort in meinem geliebten Norden. Jeder von uns soll seinen Lebensträumen nachgehen können, ohne dass dabei Gemeinsamkeiten und vertraute Stunden zu kurz kommen. Wir halten zusammen, ohne uns zu erdrücken, und ich arbeite daran, den Kompromiss, so oft in den Norden zu fahren wie nur möglich, als gute Lösung für beide Seiten anzuerkennen – aber es ist Arbeit, ja.«

Die Geschichte von FABIAN UND FRANZISKA

Im August kommt Fabian auf Empfehlung seines Arztes in meine Beratung. Er ist nervös, und ich merke ihm an, dass es ihm schwerfällt, sich zu ordnen. Er ist enttäuscht, dass er mit seinem Liebeskummer nicht alleine fertigwird. Er kann nicht begreifen, dass er die große Liebe gefunden hat, nur um dann ganz plötzlich wieder verlassen zu werden.

Unruhig rutscht er auf dem Sessel hin und her. Ich fühle förmlich seinen Schmerz, es laufen ihm ein paar Tränen über das Gesicht, aber er ist jetzt bei mir angekommen und fasst genug Vertrauen, um seine Geschichte zu erzählen:

»Ich bin 48 Jahre alt, geschieden und habe einen tollen Sohn. Von guten Freunden wurde ich vor einiger Zeit zum 15. Hochzeitstag der beiden eingeladen. Mein Sohn war in den Ferien bei der Mama, ich hatte nichts Besonderes vor und Lust, die alten Freunde endlich einmal wiederzusehen. Also kaufte ich ein Bahnticket und fuhr an die See.

Am Tag der Feier lache und unterhalte ich mich gerade mit meinen Tischnachbarn, als mich plötzlich eine Dame mit freundlicher Stimme und liebenswertem Lächeln fragt, ob der Platz neben mir noch frei sei. Ihre Augen strahlen pure Lebensfreude aus und dazu noch etwas, das ich nicht genau deuten kann. Ein Geheimnis? Ich weiß es nicht, weil ich sie in diesem Moment gar nicht richtig beachte und lieber mit der Schwester und dem Schwager des Gastgebers über die Hochzeitsstreiche von damals rede. Aber dann wandern meine Augen doch immer wieder zu dieser Frau. Irgendwann beginne ich ein Gespräch mit ihr, das mit der Zeit immer vertraulicher wird. Wir stellen fest, dass wir viele Gemeinsamkeiten haben: Das Verhalten der Expartner, die Enttäuschungen, der Verrat, die absolute Einsamkeit, das Gefühl, betrogen und verletzt worden zu sein, all das kommt uns beiden bekannt vor.

Franziska, die Frau, mit der ich so viel gemein habe, steht irgendwann auf, fordert mich auf, mit ihr nach draußen zu kommen, und lacht. Ihr Lachen steckt an. Ihr ist kalt, also hänge ich ihr mein Sakko um. Da landet ihr Kopf auf meiner Schulter, ihr Parfüm raubt mir in diesem Moment den Verstand. Unsere Hände berühren sich und sogar ich, der sonst gar nichts versteht, verstehe mit einem Mal. Wir schauen uns zusammen den Nachthimmel an. Es ist wie in einem billigen Roman. Ein Blick, ein Kuss, eine Umarmung. Kein Wort. Es könnte sonst alles zerstören. Wir gehen wieder rein, tanzen und hoffen, dass keiner im Raum bemerkt, was zwischen uns passiert ist. Als ich in Franziskas Augen schaue, merke ich, dass ich verliebt bin. Der Abend geht zu Ende, wir tauschen noch rasch unsere Telefonnummern aus, dann geht jeder seines Weges.

Nach nur 48 Stunden bin ich bereit, mich auf das Abenteuer ›Liebe‹ einzulassen.

Wir schreiben uns und telefonieren und stellen fest, wie parallel das Leben zweier Menschen verlaufen kann. Ich habe in Franziska jemanden gefunden, der mich versteht, der weiß, was ich durchgemacht habe. Unsere Verbindung wird immer tiefer, die Gespräche intensiver, und ich fasse Vertrauen. Ich schwebe auf Wolke sieben. Ich möchte sie wiedersehen. Also vereinbaren wir ein Treffen.

Als ich an der Pizzeria ankomme, wo wir verabredet sind, sehe ich, dass sie geschlossen hat. Na klar, es sind Ferien. Also warte ich. Plötzlich höre ich ihre Stimme, wie sie einer Wanderin den Weg erklärt. Mein Puls beschleunigt sich, und die Blume, die ich ihr mitgebracht habe, scheint meinen schweißnassen Händen zu entgleiten. Ich gehe auf sie zu. Sie umarmt mich zur Begrüßung, und ich spüre ihre Lippen auf meinen. Wir können nicht voneinander lassen, umarmen uns immer wieder und kommen keine zehn Meter weit, ohne uns zu küssen. Wir benehmen uns wie Teenager. Mein Herz klopft wie wild. Sie schaut mich an, ihre Blicke gehen mir durch Mark und Bein. Sie sagt nur: ›Keine Sorge, das ist kein Spiel.‹ Ich kann bloß entgegnen, dass es sich für mich wie ein Traum anfühlt. Sie kneift mich.

Sie zieht mich mit sich, und wir laufen durch ihre Heimatstadt. Sie zeigt mir alles, und die ganze Zeit über kann ich meine Augen nicht von ihr lösen. Sie sieht einfach nur fantastisch aus. Kein Model, aber sie steht dazu, dass sich ihr Körper nach der Geburt von zwei Kindern verändert hat. Doch gerade das macht sie so schön.

Wir fahren zu einem anderen Italiener und genießen es, uns in die Augen zu sehen und Händchen zu halten.«

»So begann unsere Liebe«, berichtet mir Fabian. Dabei laufen ihm weiter Tränen über das Gesicht. Seine Trauer erfüllt meinen kompletten Praxisraum.

Dann erzählt er weiter:

»Als ich wieder zu Hause bin, rufe ich Franziska an. Sie geht sofort ran. Ihre Kinder und ihre Eltern haben sie über das Treffen ausgefragt. Wir lachen. Sie erzählt mir, dass sie ab nächsten Samstag kinderfrei ist – ihre Söhne verbringen die Ferien bei ihren Eltern und ihrem Noch-Ehemann. Wir beschließen, zusammen zum Strand zu fahren.

Die Woche bis zu unserem Treffen vergeht langsam, wird aber mit Nachrichten und Telefonaten überbrückt. Dann ist es endlich so weit. Wir liegen im Sand, die Sonne scheint, und der Sommer zeigt sich von seiner besten Seite. Es ist wunderschön. Später, als wir wieder bei ihr zu Hause sind, nehme ich sie in die Arme, stöpsle ihr den Hörer meines Handys ins Ohr und wir tanzen zu ihrem Lieblingslied. Die Nacht ist kurz, aber schön, erschöpft schlafen wir ein.

Schon am nächsten Tag fahre ich wieder nach Hause. Ich fühle mich leer, aber glücklich. Ab morgen ist mein Sohn wieder bei mir und wir fahren zusammen mit den beiden Omas in die Ferien nach Bayern. Franziska ruft an, sie hat Sehnsucht, will mich sehen. Fünf Wochen sind ihr zu lang. Sie klingt so verzweifelt. Ich fühle mich schlecht und verspreche ihr, mich später zu melden.

›Lade sie doch nach Bayern ein. Sie soll zu euch kommen‹, sagt Karsten, mein Freund, mit einem diabolischen Grinsen.

›Karsten, wie soll das gehen? Mathieu ist dabei. Soll ich meinem Sohn sagen, Papa hat 'ne Freundin?‹

›Ja. Klar. Warum denn nicht?‹, kontert er.

›Na super. Wie erkläre ich das meinem Sohn? Wie erkläre ich das den Omas?‹

Also beschließe ich, Mathieu reinen Wein einzuschenken. Ich nehme all meinen Mut zusammen und befehle eher, als dass ich bitte: ›Mathieu, ich brauche deine Hilfe. Ich habe jemanden kennengelernt, eine tolle Frau, und sie möchte uns im Urlaub besuchen.‹ Endlich ist die Wahrheit raus. Ich fühle mich erleichtert. Seine Augen werden ganz groß. Während wir unsere Koffer packen, werde ich von meinem zwölfjährigen Sohn verhört. Aber er willigt ein. Er wird mich bei dieser Sache unterstützen.

Im Urlaub telefoniere ich jeden Morgen mit Franziska. Wir reden über Gott und die Welt. Immer wieder finden wir ein Thema, und uns wird nie langweilig. Jeden Tag wecke ich sie via WhatsApp und zähle die Stunden, bis wir uns wieder in den Armen halten dürfen. Jedes Mal, wenn mein Handy brummt, grinst Mathieu und kommentiert: »Deine Flamme.«

Als Franziska ankommt, sieht sie bezaubernd aus in ihrem blauen Sommerkleid. Wir fallen uns in die Arme. Das junge Paar am Bahnsteig neben uns grinst. Auf dem Weg zu den anderen kaufen wir noch Blumen. Franziska besteht darauf. Die Begrüßung ist herzlich. Franziska bricht das Eis, indem sie Mathieu mit einem breiten Lächeln begrüßt. ›Hallo, ich bin Franziska. Du kannst mich aber weiterhin Flamme nennen.‹ Der Ärmste wird rot, blass, rot.

Der Abend wird sehr gemütlich. Franziska hat Mathieu eine Wasserpistole mitgebracht, und er ist begeistert. Die gemeinsame Zeit vergeht wie im Flug, und schon muss ich Franziska wieder zum Bahnhof bringen.

Als ich zurückkomme, umarmt mich Mathieu.

Den Rest des Urlaubs kreisen meine Gedanken nur um Franziska. Als Nächstes soll ich nun auch ihre beiden Kinder treffen. Nick, ihr ältester Sohn, hat ihr gesagt, dass er glücklich ist, dass sie wieder jemanden hat, der sie liebt.

Das Kennenlernen verläuft problemlos. Beide Söhne freuen sich riesig, fragen mich über Mathieu aus. Franziska ist froh darüber, wie die Jungs mich annehmen. Es ist eigenartig. So, als ob wir uns schon immer kennen würden.

Der Morgen graut bereits, als der Kleine zu uns ins Bett kommt, zum Kuscheln. Es ist schön. Aber der Tag vergeht wie im Flug. Die Stimmung ist gedrückt, als Franziska mich zum Bahnhof fährt. Die Tränen fließen, aber wir wissen, in 14 Tagen sehen wir uns wieder, und dann lerne ich ihre Eltern kennen.

Es ist Mittwoch, als Franziska anruft und fragt, was Mathieu zu seinem Geburtstag gerne essen würde. Ich bin platt. Sie kümmert sich mehr um ihn als seine eigene Mutter. Und da er gerade im Zimmer ist, reden auch die beiden miteinander. Franziska hat schon öfter mit ihm telefoniert, genau wie ich mit ihren Kids. Ich merke, wie Mathieu sich darüber freut.

Am Freitag fahren Mathieu und ich gemeinsam zu Franziska, um dort seinen Geburtstag zu feiern. Während der Bahnfahrt schläft er. Mein Handy vibriert und Nick ist dran: ›Welche Farbe mag Mathieu? Ich blase gerade die Luftballons für ihn auf.‹

›FC-Bayern-Rot‹, antworte ich verblüfft.

›Okay, machen wir!‹ Und schon ist das Telefonat beendet.

Ich rufe kurz zurück, und Franziska ist dran. ›Ich wollte dir nur sagen, dass ich dich liebe und du verrückt bist.‹

›Nein. Mein Beutekind wird genauso verwöhnt wie meine eigenen Kinder.‹ Es ist ein Statement, das keinen Widerspruch zulässt.

Bei unserer Ankunft bin ich baff. Das Haus ist innen und außen geschmückt. Die Jungs begrüßen uns, und Mathieu wird sofort in ihren Kreis aufgenommen. Es gibt Hamburger, wie von meinem Sohn gewünscht, und dazu Luftballons in Bayernrot. Mir fehlen die Worte. Die Kinder verstehen sich super, lachen viel, und alles ist unglaublich harmonisch.

Am nächsten Morgen habe ich Zeit zum Nachdenken. Ich habe eine wunderbare, gut aussehende Frau, die voller Leidenschaft ist und mit der ich ein erfülltes Sexleben habe. Eine Frau, die weiß, was sie will; sie ist eine hingebungsvolle Mutter, und unsere Einstellungen zur Erziehung, ja zum Leben überhaupt stimmen überein. Was braucht man mehr? Das Fundament ist gelegt, der Weg klar. All das wollte ich immer in meinen Leben.

Wir reden über Schwierigkeiten in Fernbeziehungen. Ich sage ihr, dass ich mir gut vorstellen kann, sie zu heiraten, wenn sie sich nach fünf Jahren Trennung endlich dazu entschließen sollte, sich scheiden zu lassen. Es ist mein voller Ernst, und es soll ihr zeigen, dass ich an uns glaube und dass ich ihr Kraft geben möchte.

Die Fahrt zum Bahnhof fällt allen schwer. Die Verabschiedung ist herzlich, und wir freuen uns auf das nächste gemeinsame Abenteuer. Mein Herz schmerzt, als wir in den Zug steigen. Nachdem wir losgefahren sind, wendet Mathieu sich mir zu. ›Papa‹, sagt er leise, aber sehr bestimmt. ›Jetzt habe ich endlich eine Familie. Egal was passiert, das möchte ich auch in Zukunft haben. Eine Familie.‹

Als wir zu Hause ankommen, telefonieren Franziska und ich noch einmal. Wir lieben uns, das spüre ich, und ich hasse das Gefühl, von ihr getrennt zu sein. Ich merke, es geht ihr genauso.

Die nächsten Tage verlaufen normal – bis Franziska mich anruft. Ihre Stimme ist tränenerstickt. ›Es ist aus. Ich liebe dich nicht mehr. Es ist nur eine Fernbeziehung. Es hat doch sowieso alles keinen Zweck. Früher oder später wird es schiefgehen!‹ Ich flehe sie an, noch mal darüber nachzudenken, nicht aufzugeben und um uns zu kämpfen. Ich bin verwundert, wie ruhig ich klinge. Doch es hilft nichts. Sie macht mir eindeutig klar: Es bleibt dabei. Es ist aus. Keine Chance. Kein Kampf. Was ist der Grund? Warum jetzt? Fragen, auf die ich nie eine Antwort erhalten werde.

Mathieu liegt weinend in meinen Armen. Immer wieder fragt er nach dem Warum. ›Papa, ich habe davon geträumt, dass wir alle zusammenleben und glücklich sind.‹ Ich auch. Mir laufen die Tränen über das Gesicht, und ich schäme mich nicht.«

Fabian ist über alle Maßen von den Frauen und der Liebe enttäuscht, als er so vor mir sitzt. Immer wieder fragt er sich, warum sein Kind das durchmachen musste? Er ist nicht nur in der Opferrolle, sondern fühlt sich auch schuldig, seinen Sohn nicht besser geschützt zu haben.

Fabian war sich so sicher, dass Franziska die perfekte Partnerin für ihn und eine Freundin für seinen Sohn sein würde. Doch dann ist das alles schneller wieder vorbei, als er jemals vermutet hätte. Es ist ihm auch unbegreiflich, wie Franziska das ihren eigenen Kindern antun konnte: Sie stellt ihnen ihren Freund vor, organisiert eine Geburtstagsfeier für dessen Sohn, die Kinder lernen sich kennen, und dann zieht sie abrupt die Notbremse.

Ich muss Fabians Vertrauen in Frauen nun erst wieder komplett neu aufbauen. Das ist nicht leicht, denn es ist nicht der erste Tiefschlag, den er in den letzten Jahren erlitten hat. In meiner Beratung zeige ich ihm die vielen positiven Dinge auf, die er in seinem Leben erreicht hat. Wir werden in Zukunft noch oft zusammensitzen, um die plötzliche Trennung zu analysieren. Ich habe das Gefühl, dass Fabian zu nett ist, er gibt zu früh zu viel. Er wurde von seinen Gefühlen völlig überrollt und in die Jugend zurückversetzt. Franziska aber ist dadurch unter Druck geraten. Alles ging zu schnell, alles war zu nah.

Denn oft ist es so, dass eine Frau lieber abspringt und die Beziehung beendet, wenn sie das Gefühl hat, nicht genug zurückgeben zu können, oder wenn sie merkt, dass doch nicht alles so rosa ist, wie es sich in den ersten verliebten Tagen angefühlt hat. Und oft tut sie das ohne Rücksicht auf Verluste.

Mittlerweile ist Fabian wieder auf einem guten Weg, die schlimmen Tage werden weniger, der Schmerz ist nicht mehr rund um die Uhr zu spüren. Trotzdem wird die Trauer noch eine Weile anhalten. Fabian gehört zu den ganz emotionalen Männern, die sehr tief lieben und genauso tief leiden. Aber er wird es schaffen.

Die Geschichte von JULIAN UND JANA

Julian kommt an einem Mittwochabend in meine Praxis. Er hat einen Radiobericht über mich gehört und fühlte sich mit seinem Problem direkt angesprochen.

Lange schon hatte sein Freund Leo ihm geraten, sich einer Beratung zu unterziehen, aber wie so viele Menschen dachte Julian: »Das ist doch peinlich, und ich bin doch nicht verrückt.« Nachdem er jedoch diesen Beitrag gehört hat, nimmt er seinen ganzen Mut zusammen und ruft mich noch aus dem Auto an. »Bitte Frau Fauck, haben sie heute Abend noch einen Termin frei? Mich verlässt sonst wieder der Mut.«

Punkt 19 Uhr kommt Julian nach meiner Sprechstunde zu mir. Er scheint mir gar nicht so aufgeregt, wie ich es vermutet habe. Er ist gefasst und fühlt sich schnell gut genug in meiner Praxis aufgehoben, um mir seine Geschichte anzuvertrauen.

Julian und Jana lernen sich im Skiurlaub in den Bergen kennen. Sie fühlen sich vom ersten Moment an zueinander hingezogen. Julian ist Ende vierzig und seit vier Jahren von seiner Frau geschieden, Jana ist Mitte vierzig und war schon zweimal kinderlos verheiratet.

In ihren Ehen war Jana immer die Chefin und auch in beiden Fällen diejenige, die sich von ihrem Mann getrennt hat. Eine starke Frau, die macht, was sie will, würde man heute wohl sagen. In diesem Fall aber ist es Julian, der Jana anspricht. Sie haben sich beim Essen im Klub schon mehrmals gesehen, ohne sich zu unterhalten. An der Bar ergreift Julian nun die Gelegenheit. Locker fragt er, wo sie denn beim Essen gesteckt habe, er habe sie gar nicht gesehen und sich schon Gedanken gemacht, ob sie einen Skiunfall gehabt habe. So beginnt alles.

Julian berichtet mir, er habe das Gefühl gehabt, mit Jana eine Frau gefunden zu haben, bei der alles, aber auch wirklich alles perfekt stimmt: Sie ist attraktiv, altersmäßig und intellektuell passen die beiden gut zusammen, und auch im Bett läuft es großartig.

Ein kleines Problem ist die Entfernung, denn

sie wohnen zwar in derselben Stadt, aber ein paar Kilometer voneinander entfernt in verschiedenen Stadtteilen. Meistens treffen sie sich in Janas Wohnung, weil es dort einfach gemütlicher ist. Die beiden sehen sich jedes Wochenende und, wenn es zeitlich passt, einmal unter der Woche. Julian schwebt im siebten Himmel, niemals hat er sich in den letzten Jahren so glücklich und verliebt gefühlt. Und auch Jana behauptet das von sich.

Beide stellen sich gegenseitig ihren Freunden und Eltern vor. Alles läuft harmonisch. Besser könnte es nicht sein.

Schon nach ein paar Wochen ist die Liebe und Harmonie so groß, dass Julian und Jana beschließen zusammenzuziehen, erst mal in Janas Wohnung. Das ist eine abbezahlte Eigentumswohnung, und es bietet sich an, dort gemeinsam zu leben. Julian fängt an, seine Möbel teilweise zu verschenken und zu verkaufen, da Janas Wohnung perfekt und wirklich stilvoll eingerichtet ist.

Dann kommt das letzte Treffen der beiden, von dem Julian natürlich noch nicht ahnt, dass es das letzte sein wird. Es findet beim Italiener um die Ecke statt. Die beiden essen und trinken gut, danach haben sie in Janas Wohnung wieder einmal eine unvergessliche Nacht und lieben sich bis es hell wird. Eng aneinander geschmiegt schlafen sie im Morgengrauen ein. Anschließend fährt Julian zurück zu sich nach Hause, denn morgen müssen beide früh raus.

Julian ist guter Dinge und will noch schnell zwei Kisten für den Umzug zu Jana packen, da bekommt er eine WhatsApp von ihr:

»Lieber Julian, es tut mir leid, aber ich kann das alles nicht mehr. Auf keinen Fall möchte ich mit dir zusammenziehen. Es liegt nicht an dir. Ich bin nicht gut genug für dich, ich habe Angst, mich zu binden, und halte mich für beziehungsgestört. Es tut mir leid, aber ich kann nicht anders, ich hoffe, du kannst mir irgendwann verzeihen. Jana«

Julian ist am Boden zerstört. Er ruft seine Freunde an. Alle eilen herbei, um ihn zu unterstützen.

In den nächsten Tagen rasen Julians Gedanken. Er hat Herzflattern und Schweißausbrüche und fühlt sie wie unter Drogen. Panikattacken befallen ihn. Noch immer kann er nicht glauben, was Jana ihm geschrieben hat. Er geht zum Arzt, lässt sich ein Schlafmittel verschreiben und ernährt sich nur noch von Pizza und Rotwein. Das Arbeiten fällt ihm schwer, seine Welt ist komplett zusammengebrochen.

Julian weint sehr viel und fragt sich immer wieder: »Warum will Jana mich nicht mehr?«

Die Antwort auf seine Frage erhält er durch Zufall Wochen später. Peter, ein Freund von ihm, trifft Jana zufällig auf einem Event – in den Armen ihres Exmannes. Dieser, ein freundlicher Mann, erzählt Peter, Jana und er seien schon seit Monaten wieder ein Paar und planen eine erneute Hochzeit.

Jana ist also monatelang zweigleisig gefahren.

Der arme Julian fühlt sich belogen, betrogen und hintergangen. Wir führen sehr intensive Gespräche, doch es wird noch lange dauern, bis er diese Enttäuschung weggesteckt und sich der Knoten in seiner Brust gelöst hat. Betrogen zu werden verursacht immer eine tiefe Verletzung, die lange Zeit braucht, um zu heilen. Ich hoffe, Julian schafft es, bald wieder zu einer anderen Frau Vertrauen zu fassen.

Das rät die Expertin

Sie sind über vierzig, und die späte Liebe hat Sie erwischt? Sehen Sie es als großes Geschenk. Entsprechend sollte der Wunsch, das Glück zu bewahren, Priorität haben. Eine neue Beziehung hält am besten, wenn man sie nicht als selbstverständlich nimmt und sie entsprechend pflegt. Das bedeutet, man sollte Kompromisse schließen, sich umeinander bemühen, versuchen, füreinander attraktiv zu bleiben. Dabei darf aber nie die Eigenständigkeit der Partner verloren gehen. Denn letztlich bleibt jeder ein Individuum, das sein Leben mit einem anderen teilt, aber nicht komplett im Leben des anderen aufgeht! Ein guter Wechsel aus Nähe

und Distanz ist deshalb wichtig. Außerdem natürlich Respekt vor dem anderen und die Bereitschaft, sich auch auf Sichtweisen einzulassen, die einem erst einmal fremd erscheinen.
Unverzichtbar sind auch Ehrlichkeit und ein offenes Ohr für den anderen. Achten Sie darauf, Auseinandersetzungen mit dem Partner schnell zu klären und unbedingt dauerhaft im Gespräch zu bleiben.
Stolpersteine in der neuen Beziehung können zum Beispiel Eigenarten sein, die man mit der Zeit entwickelt hat und die ein Zusammenleben nicht immer ganz einfach machen. Führen Sie sich in solchen Momenten vor Augen, wie Sie gelitten haben, als Sie allein waren, und wie sehr Ihnen ein Partner gefehlt hat. Die neu gefundene Liebe hilft meist dabei, über kleine Schwächen liebevoll hinwegzusehen oder diese sogar lieben zu lernen, denn sie macht verständnisvoller. Und wenn man erst einmal Vertrauen gefasst hat, regieren zumeist positive und liebevolle Gefühle.
Zu wenig Zeit für den Partner zu haben, führt oft dazu, dass sein Selbstwertgefühl leidet. Besonders Männer machen sich dann gerne vom Erfolg im Job abhängig. Ihnen wird die Anerkennung des Chefs irgendwann wichtiger als die Anerkennung des

Partners. Die Karriere darf aber nicht im Vordergrund stehen. Das ist ungesund für jede Liebe. Achten Sie also darauf, dass stets ein Gleichgewicht zwischen Arbeit und Partnerschaft herrscht. Wenn an dieser Stelle das Gleichgewicht nicht mehr stimmt, dann kann eine Partnerschaft ins Wanken geraten. Einer fühlt sich nicht mehr genug beachtet, der andere ist im Job überfordert und setzt die Prioritäten an falscher Stelle ein.

Der Alltag sollte immer wieder durch kleine Besonderheiten unterbrochen werden, denn er ist der größte Feind der Liebe. Kleine Liebesbeweise halten die Beziehung lebendig. Überraschen Sie Ihren Partner doch mal wieder, laden Sie ihn zum Essen ein, bringen Sie ihm ein kleines Geschenk mit oder stecken Sie ihm einen Zettel mit einer kleinen Liebesbotschaft in die Tasche.

Sollte die neue Liebe trotz aller Mühen nicht halten, ist es wichtig, dass Sie die Schuld nicht nur bei sich suchen. Ihre Expartnerin oder Ihr Expartner wollte wahrscheinlich einfach etwas anderes als Sie.

Vertrauen Sie auf sich und darauf, dass die Zeit alle Wunden heilt. Sie sind jetzt verzweifelt und wissen nicht, wie Sie Ihren Schmerz hinter sich lassen sollen. Wenn Sie genug getrauert haben, geht es aber ganz von allein wieder bergauf. Nehmen Sie sich die Zeit, die Sie brauchen, Sie werden auch an dieser Erfahrung am Ende wachsen.

Nachfolgend ganz konkrete Tipps, die Ihnen helfen können, eine glückliche Beziehung zu führen, auch wenn Sie und/oder Ihr Partner beruflich stark eingespannt sind:

- ◇ Wenn Sie merken, dass Sie mit Ihrer Beziehung nicht mehr zufrieden sind, suchen Sie das offene Gespräch. Kommunikation ist das A und O jeder Partnerschaft.
- ◇ Versuchen Sie gemeinsam, einen Konsens darüber zu finden, was Sie mit Ihrem Partner gerne teilen möchten und wo jeder für sich Freiräume in Anspruch nehmen will.
- ◇ Überlegen Sie sich, wie Sie Ihre gemeinsame Zeit gestalten könnten. Vielleicht hilft ein gemeinsames Hobby oder andere gemeinsame Aktivitäten. Auch ein Kurzurlaub sorgt immer für positive Gefühle.
- ◇ Das Thema körperliche Nähe kann im Alter mit Ängsten behaftet sein, stellen Sie daher das Körperliche nicht sofort in den Mittelpunkt. Schon die Suche nach einer neuen Liebe kann den Alltag im Alter spannender machen, andere Dinge wie Sex und Intimität brauchen Zeit und Vertrauen. Das entwickelt sich von

ganz alleine. Geduld ist hier das Zauberwort.

- Auch Kinder aus vergangenen Partnerschaften können ein Konfliktherd sein. Ich höre immer wieder Klagen von Kindern jeden Alters, dass die Eltern ihre neuen Partner regelmäßig zu Treffen mitbringen. Besonders Männer haben die »Neue« gerne immer mit im Schlepptau. Treffen Sie sich mit Ihren Kindern aus einer früheren Beziehung auch alleine, ohne den neuen Partner. Vor allem erwachsene Kinder wissen das häufig zu schätzen.
- Ähnlich verhält es sich mit Familie und Freunden. Auch da muss der neue Partner nicht immer mit dabei sein. Geben Sie sich und Ihrem Partner Raum. Jeder darf sich ein Stück seines alten Lebens bewahren und weiterhin Freunde und Verwandte entspannt und ohne schlechtes Gewissen treffen.

Fernbeziehung – Liebe zwischen emotionaler Nähe und räumlicher Distanz

Die Geschichte von ANKE UND ANDREAS

Anke und Andreas lernen sich auf einem Entschleunigungsseminar in München kennen. Anke ist 45 und seit zwei Jahren Single, Andreas ist 46, seit 16 Jahren verheiratet und hat zwei Söhne im Alter von elf und 14 Jahren. Als die beiden zum ersten Mal beim Abendessen miteinander ins Gespräch kommen, ist sofort klar: Da stimmt die Chemie, und vielleicht könnte noch einiges mehr daraus werden.

Während des Seminars geht es zwischen ihnen

noch ganz harmlos zu. Andreas ist schließlich mit Kollegen seiner Firma da, und es ergeben sich nur wenige Gelegenheiten für »unauffällige« Treffen und Gespräche beim Essen oder abends an der Bar.

Dann fährt Anke zurück nach Berlin und Andreas zurück nach Bremen. Natürlich tauschen sie vorher Telefonnummern aus, doch Anke weiß, dass dieses Abschiedsritual nicht unbedingt etwas zu bedeuten hat. Wie viele Telefonnummern von Seminarbesuchern hat sie selbst in den letzten Jahren beim Aufräumen des Schreibtisches einfach weggeworfen?

Doch mit Andreas läuft es anders. Drei Tage nach ihrer Rückkehr ruft er Anke vom Büro aus an, und im Nu haben sie sich festgequatscht. Es bleibt nicht bei dem einen Telefonat, bald werden die Gespräche zu einem festen Bestandteil ihres Alltags. Nach fünf Wochen nimmt Anke schließlich all ihren Mut zusammen und schlägt ein Treffen in Berlin vor.

So nah Anke und Andreas sich bereits auf intellektueller Ebene bei ihren vielen Gesprächen am Telefon waren, so plötzlich funkt es zwischen ihnen während des Treffens auch körperlich. Nach einem intensiven Wochenende zu zweit wissen beide: Das ist keine kurze Affäre, sondern eine große Liebe, vielleicht die große Liebe ihres Lebens.

Andreas macht deshalb zu Hause auch sofort reinen Tisch. Er erzählt seiner Frau, mit der er ohnehin seit Jahren keine tief gehende Verbindung mehr hat und mit der es auch seit Ewigkeiten nicht mehr zu Zärtlichkeiten kam, dass er sich verliebt hat und sich trennen will.

Damit sei die wichtigste Voraussetzung für ihr gemeinsames Glück geschaffen, meint Andreas, alles andere werde sich schon finden. Anke schwebt zwar auch auf Wolke sieben, doch ganz so positiv wie Andreas sieht sie die Dinge nicht. Zwar ist die Entfernung zwischen Berlin und Bremen im Grunde kein großes Hindernis, aber eine spontane Einladung zum Essen oder ein Kuschelabend auf dem Sofa bei Rotwein und einem guten Film sind doch nicht drin. Hinzu kommt, dass Andreas beruflich sehr häufig unterwegs ist. Oft muss er wegen dringender Termine noch im letzten Moment seine Pläne ändern, fliegt dann doch nicht über Berlin oder muss von dort aus gleich weiter ans andere Ende der Welt. Außerdem hat er ein sehr zeitaufwendiges Hobby: Er fährt Radrennen, die an den verschiedensten Orten in ganz Europa stattfinden. So sind viele Wochenenden schon Monate im Voraus verplant. Anke fühlt sich deshalb permanent in einer Warteschleife gehalten. Die Sehnsucht, die sie von Anfang an hatte, wird nie wirklich gestillt.

Immerhin schafft es Andreas nach neun Monaten zwischen seinen zahlreichen Terminen endlich, sich eine eigene Wohnung in Bremen zu mieten. Nun kann Anke auch mal ein paar Tage bei ihm verbringen, seine wenigen Freunde kennenlernen und eine leise Ahnung davon bekommen, wie es wäre, mit Andreas den Alltag zu teilen. Und noch wichtiger ist für sie, dass Andreas nun nicht mehr bei seiner Noch-Ehefrau wohnt.

Wenn sie dann endlich zusammen sind, verbringen Anke und Andreas eine sehr schöne und intensive Zeit miteinander. Doch wo soll diese Beziehung eigentlich hinführen? Nach Ankes' Empfinden kann es jedenfalls nicht ewig so weitergehen mit der Pendelei zwischen Bremen und Berlin. Zumal die Treffen fast immer bei Anke stattfinden, da ihre Wohnung gemütlich und gut ausgestattet ist – ganz im Gegensatz zu der spartanisch eingerichteten Wohnung von Andreas. Wer zieht langfristig also zu wem? Andreas hat in Bremen seine Firma und seine beiden Söhne, die ihn an die Stadt binden. Anke absolviert gerade ein Studium in Berlin und kann sich weder vorstellen, in das kleine »provinzielle« Bremen zu ziehen, noch möchte sie Andreas Frau auf der Straße begegnen – zumindest nicht, solange er noch nicht geschieden ist. Sie führen ein erstes ernsthaftes Gespräch über dieses Thema, kommen aber zu keinem konkreten Ergebnis, weshalb sie erst einmal so weitermachen wie bisher. Wenn es sich irgendwie einrichten lässt, treffen sich die beiden am Freitagabend in Berlin oder in Bremen. Und wenn der andere, auf den man so lange gewartet hat, dann endlich da ist, gibt es plötzlich so eine Fremdheit zwischen ihnen, dass sie erst ein paar

Stunden brauchen, um wieder zueinanderzufinden. Der Samstag vergeht meist ganz harmonisch, aber immer viel zu schnell. Und am Sonntag nach dem Frühstück stellen sich bei Anke regelmäßig die ersten Magenschmerzen ein, denn sie weiß, jetzt sind es nur noch wenige Stunden, bis Andreas sich auf den Heimweg macht oder sie selbst wieder in den ICE nach Berlin steigt. Nach einigen Monaten entwickelt sich daraus eine negative Eigendynamik: Anke sitzt leidend am Frühstückstisch, und Andreas fühlt sich dafür verantwortlich. »Du übertreibst es aber auch und verlangst immer mehr«, sagt er eines Tages unwirsch. »Wir sehen uns doch schon bald wieder.« Überhaupt kommt er mit der ganzen Situation offenbar wesentlich besser zurecht als Anke. »Mir reicht es zu wissen, dass wir uns lieben. Wir müssen uns doch deswegen nicht ständig sehen«, lautet sein Kommentar zu diesem Thema.

Doch für Anke werden dieses ewige Koordinieren der Termine, das Pendeln zwischen Berlin und Bremen und die ständige Telefoniererei, die die Sehnsucht nicht wirklich lindert, immer mehr zu einer Qual. Sie ist deshalb zu einem Kompromiss bereit: Sie würde nach Bremen kommen unter der Voraussetzung, dass sie und Andreas dort gemeinsam ein Haus kaufen und zusammenziehen. Andreas ist dem Vorschlag zunächst gar nicht abgeneigt. Er beauftragt einen Makler mit der Suche, und an den folgenden Wochenenden schauen Anke und er sich verschiedene Objekte an. Bald finden sie tatsächlich ein Haus, das ihnen gefällt und das sogar einigermaßen erschwinglich ist. Nachdem sie sich geeinigt haben, was jeder von ihnen zu investieren bereit ist, gibt Andreas die ganzen Unterlagen und Zahlen an seinen Steuerberater weiter – und fortan wird über das Thema nicht mehr gesprochen. Auf Ankes Nachfragen hin weicht er aus, bis schließlich Andreas Freund Gero ihr die Antwort liefert: Ein Haus mit Anke, in dem später die dann mittlerweile erwachsenen Kinder ein und aus gehen und eventuell Enkelkinder zu Besuch kommen und über Nacht bleiben, will Andreas dann doch nicht, und Anke bleibt nichts anderes übrig, als das zu akzeptieren.

Obwohl sie im Grunde nicht in Betracht zieht, sich von Andreas zu trennen, ist Anke mit der Situation doch immer öfter unzufrieden und wird häufig krank. Vor allem dass jeder beim anderen immer nur zu Gast ist, geht ihr auf die Nerven. Ständig muss man Sachen packen, auspacken und an alles denken, was man in den nächsten Tagen braucht, und trotzdem ist man letztlich nie auf jede Eventualität vorbereitet. Ein spontaner Ausflug ans Meer scheitert daran, dass der Bikini zu Hause geblieben ist, bei einem kurzfristig anberaumten Abendessen mit Freunden fühlt Anke sich unwohl, weil die passende Garderobe fehlt.

Noch dazu ist Andreas Wohnung eine typische Junggesellenbude: Die Küche ist so spartanisch ausgestattet, dass es fast unmöglich ist, darin mal ein richtiges Essen zu kochen, und auch sonst ist die Wohnung nur spärlich möbliert und irgendwie ungemütlich. Beklagt Anke sich dann über fehlende Ablagemöglichkeiten im Flur, wo wegen der Fußbodenheizung schon mehrfach der Lippenstift in ihrer Handtasche geschmolzen ist, ist Andreas sofort beleidigt. Umgekehrt beschwert er sich aber, dass in Ankes Wohnung alles so sehr von ihrem Stil dominiert sei und er keinen Raum für sich habe.

Kurzum: Nach viereinhalb Jahren haben sich Anke und Andreas bei einer Reihe von Themen förmlich in eine Sackgasse hineinmanövriert. Überall lauern Tabus, die es zu umschiffen gilt, denn die wenige Zeit, die sie gemeinsam verbringen, wollen sie schließlich nicht mit Streitereien vergeuden.

Anke hat mittlerweile alle Prüfungen für ihr Studium bestanden und bei keinem dieser Abschlüsse war Andreas mit dabei. In diesen Momenten, als sie allein mit einer Flasche Champagner in ihrer schönen Wohnung saß, war die Einsamkeit ganz besonders zu spüren.

Gleichzeitig ist Anke mehr und mehr davon überzeugt, dass ihre Beziehung ein Ziel braucht – und das kann in ihren Augen nur darin bestehen, dass sie und Andreas endlich gemeinsam in einer Stadt leben. Das Vorhaben Hauskauf mag unerfreulich versandet sein, doch es gibt schließlich auch noch andere Optionen: Anke könnte zu Andreas in die Wohnung ziehen oder sich in Bremen eine eigene Wohnung suchen. Doch wenn sie schon in die »Provinz« zieht, will sie zumindest, dass Andreas endlich die Scheidung von seiner Frau in die Wege leitet. Immerhin sind seit der Trennung mittlerweile mehr als vier Jahre vergangen. Am Silvesterabend gibt Andreas ihr nach einem leidenschaftlichen Kuss sein Ehrenwort, dass er bis zu ihrem nächsten Geburtstag, also in acht Monaten, von seiner Frau geschieden sein wird. Dieses Versprechen würzt die Beziehung wieder mit einer großen Prise Zuversicht. An Ankes Geburtstag wird das Thema Scheidung jedoch mit keinem Wort erwähnt.

Erst viel später erfährt Anke, dass sich Andreas zu diesem Zeitpunkt schon munter mit einer anderen Frau trifft. Während sie brav zu Hause in Berlin sitzt und auf seinen Anruf wartet, genießt Andreas längst seine neu gewonnene Freiheit, die er nicht zuletzt Anke zu verdanken hat. Sie hat ihn von seiner Frau befreit, nun wird auch sie nicht mehr wirklich gebraucht.

Im Rückblick wird ihr klar, warum sich Andreas Freunde ihr gegenüber so distanziert verhalten, wenn sie mal gemeinsam ausgehen, denn Andreas Neue gehört selbst zu diesem Freundeskreis. Doch lange versteht Anke überhaupt nicht, was los ist. »Was sind denn das hier in Bremen für komische Leute?«, fragt sie sich und kann sich immer weniger vorstellen, ihr geliebtes Berlin zu verlassen, nur um in derselben Stadt wie Andreas zu leben.

Als eines Tages dann die E-Mail von Andreas kommt, in der er ihr mitteilt, er werde sich von ihr trennen, weil er einfach beziehungsunfähig sei, fällt Anke aus allen Wolken – zumal die beiden kurz zuvor aus einem traumhaften gemeinsamen Urlaub zurückgekommen sind. Natürlich hat auch Anke gemerkt, dass ihrer Beziehung eine konkrete Perspektive fehlte, und sie selbst war oft genug unzufrieden mit der Situation. Nicht zuletzt deshalb hat sie ja ständig neue Vorschläge gemacht, wie sie und Andreas wieder mehr zueinanderfinden könnten. Dass er sich von einer gemeinsamen Zukunft inzwischen aber schon ganz verabschiedet hatte, das war ihr bei all den emotionalen Ups und Downs, mit denen sie in ihrem Fernbeziehungsalltag zu kämpfen hatte, irgendwie entgangen.

Heute weiß Anke, dass sie mit Andreas geradewegs in eine klassische Liebeskummerfalle getappt ist: Beide haben die Bedeutung der räumlichen Distanz einfach unterschätzt und sich keine verbindlichen Ziele gesetzt, um die wachsende Unzufriedenheit in ihrer Beziehung in den Griff zu bekommen.

Andreas fand das Leben mit der anderen Frau, die ganz in seiner Nähe wohnt, einfacher. Keine Fahrerei, keine Vorwürfe, kein »Wann kommst du wieder?«, sondern nur praktisch, unkompliziert und schön.

Anke fiel nach der Trennung in eine tiefe Depression, musste Antidepressiva schlucken und hat sich jahrelang nicht von der Enttäuschung erholt. Heute lebt sie nur für ihre Arbeit. Auch einen neuen Partner möchte sie nicht mehr, sie hat Angst, noch einmal so tief zu fallen.

Die Geschichte von SUSI UND SEBASTIAN

Susi und Sebastian lernen sich während eines Kluburlaubs in der Türkei kennen, wo Sebastian als Segellehrer arbeitet. Beide sind Ende vierzig und haben diverse Beziehungen hinter sich, die alle kinderlos blieben. Schon nach zwei Tagen verlieben sich die beiden unsterblich ineinander.

Nach dem Urlaub fliegt Susi zurück nach Hamburg, Sebastian bleibt in der Türkei, da er im Klub fest angestellt ist. Sie wechseln nun täglich unzählige SMS, schreiben viele ausführliche Mails, bevor sie spät abends dann noch miteinander telefonieren. Wann immer Susi in der Firma freinehmen kann, fliegt sie zu Sebastian. Das gestaltete sich unproblematisch, da Susi gut verdient und keine weiteren Verpflichtungen in Hamburg hat. Auch Sebastian besucht Susi in Hamburg, wann immer es ihm möglich ist. So verbringen sie jede freie Woche gemeinsam.

Nach einem Jahr beschließen die beiden, sich eine gemeinsame Zukunft aufzubauen. Sebastian fühlt sich in Hamburg wohl und versteht sich fantastisch mit Susis Freunden und ihrer Familie, weshalb es beiden selbstverständlich erscheint, dass Sebastian sich dort einen Job suchen will, um dann zu Susi zu ziehen. Ihre Wohnung ist groß genug für beide, und Sebastian hat sowieso keine Möbel, da er ja im Klub gelebt hat.

Es dauert noch vier Monate, bis er eine passende Stelle bei einer Segelschule an der Alster gefunden hat. Susi ist in dieser Zeit voller Vorfreude und kann es kaum erwarten.

Schließlich ist es so weit: Sebastian kommt mit seinen drei Koffern und all seinen Segelutensilien in Hamburg am Flughafen an. Endlich gehört das Thema Fernbeziehung der Vergangenheit an. Die ewige Reiserei hat ein Ende, das Glück ist groß. Die beiden haben noch drei Wochen Zeit, bevor Sebastian seinen neuen Job antreten muss. Diese Zeit nutzen sie, um die Gegend um Hamburg zu erkunden, Freunde zu besuchen, ein Wochenende auf Sylt zu verbringen. Sie genießen das neue gemeinsame Leben in vollen Zügen.

Doch kurz nachdem Sebastian seinen Job in der Segelschule begonnen hat, holt der Alltag das Paar ein. Keiner lässt dem anderen mehr Raum, beide fühlen sich eingeengt, und sie merken schnell, dass gemeinsamer Urlaub und gegenseitige Besuche etwas anderes sind als der Alltag in einem gemeinsamen Zuhause. Plötzlich fühlt sich Sebastian in Susis Wohnung nicht mehr wohl. Er hat das Gefühl, ein Dauergast zu sein, der nur geduldet wird. Dazu kommt, dass er Susi als sehr pingelig empfindet. Stellt Sebastian eine Blumenvase von rechts nach links oder räumt die Spülmaschine nicht richtig ein oder aus, entwickelt sich daraus gleich ein Riesenkrach. Susi vergreift sich häufig im Ton, wird laut, weist Sebastian zurecht und erklärt ihm, dass er in ihrer Wohnung gar nichts zu sagen habe. Es seien schließlich alles ihre Möbel, die sie von ihrem Geld bezahlt und mit denen sie sich hier mit ganz viel Liebe eingerichtet habe.

Die Schwierigkeiten häufen sich, immer öfter gibt es Streit, und beide bereuen es, zusammengezogen zu sein. Da empfiehlt eine Freundin Susi, zu mir zur Beratung zu kommen. Eine gute Idee, denn durch die Gespräche in meiner Praxis können wir das Problem schon nach einem Monat lösen.

Im Grunde gibt es für die beiden jetzt nämlich zwei Möglichkeiten: entweder sie trennen sich und jeder geht seines Weges, oder sie halten an ihrer Liebe fest und suchen sich zusammen eine neue Wohnung – ein gemeinsames Nest.

Susi und Sebastian entscheiden sich für die zweite Variante. Susi verkauft fast ihr ganzes Hab und Gut. Beide legen ihr Geld zusammen und suchen gemeinsam Möbel für die neue Wohnung aus. Auch Geschirr und alles, was man so für den

Haushalt braucht, wird angeschafft, und siehe da, Susi und Sebastian haben in fast allen Dingen den gleichen Geschmack.

Nach sieben Wochen ist die neue Wohnung bezugsfertig, und nach weiteren fünf Wochen ist alles nach dem Geschmack der beiden eingerichtet.

Von da an macht es auch Sebastian, der ein sehr guter Koch ist, Spaß, Gäste zu bewirten. Denn ab jetzt werden die Freunde nicht mehr nur in Susis Wohnung eingeladen wie bisher, sondern in die gemeinsame Wohnung.

Und Susi kann nun nicht mehr sagen: »Das hier sind meine Möbel, das ist mein Leben, und du hast hier kein Mitspracherecht.« Diese verletzenden Worte werden auch nie wieder fallen.

Wenn sich zwei Menschen in der zweiten Lebenshälfte treffen, hat jeder schon ein eigenständiges Leben geführt, jeder seine festen Erwartungen entwickelt. Das kann eine Beziehung schwierig machen. Doch manchmal sind es nur kleine Dinge, die geändert werden müssen, damit ein Paar ein gemeinsames glückliches Leben führen kann. Susi und Sebastian haben diese Herausforderung, wenn auch mit etwas Verspätung, mit Bravour gemeistert.

Mittlerweile führen sie eine entspannte harmonische Beziehung, und beide haben den Schritt, sich nach einer Fernbeziehung ein gemeinsames Leben mit einem gemeinsamen Nest aufzubauen, niemals bereut.

Das rät die Expertin

Die wenige gemeinsame Zeit in einer Fernbeziehung richtig zu nutzen ist nicht einfach, ich kenne das aus eigener leidvoller Erfahrung. Meist liegt es daran, dass mindestens eine oder einer der beiden Partner zunächst »fremdelt«, wenn beide sich nach sehnsuchtsvollen Arbeitswochen endlich wiedersehen. Während man sich über einen gewissen Zeitraum hinweg so sehr aufeinander gefreut hat, haben sich unbewusst auch Erwartungen an den Partner aufgebaut, die man dem anderen gegenüber jedoch meist nicht offen äußert. Wenn es dann endlich so weit ist, dass man sich von Angesicht zu Angesicht gegenübersteht, sind die Romantik, die Vertrautheit und die Sicherheit plötzlich weg.

So verläuft ein gemeinsames Wochenende oft nach folgendem Schema: Ein Partner kommt am Freitagabend nach einer anstrengenden Woche und der nicht minder anstrengenden Fahrt beim anderen an. Man freut sich, findet aber den ganzen Abend lang nicht so recht zueinander. Der reisende Partner denkt dann spätabends im Bett nicht selten: »Was mache ich hier überhaupt? Warum bin ich nicht zu Hause geblieben und auf die Geburtstagsfeier mei-

ner besten Freundin/meines besten Freundes gegangen? Wieso nehme ich den ganzen Stress überhaupt auf mich, wenn wir uns im Grunde sowieso nicht verstehen?«
Ab Samstagmittag hat man sich endlich wieder aufeinander eingestellt und verbringt bis Sonntagvormittag eine schöne Zeit miteinander. Aber schon nach dem ausgedehnten Sonntagsfrühstück geht es mit der Stimmung wieder bergab, weil die Abreise am späten Nachmittag wie ein dunkler Schatten über allem hängt. Am Sonntagabend kehren schließlich beide in ihre leeren Wohnungen zurück. Einer kommt in eine unbeheizte Bude und fällt in das Loch des Alleinseins. Der andere geht zurück in das »verlassene Liebesnest«, in dem noch die letzten Anzeichen der Leidenschaft zu sehen sind, die noch wenige Stunden zuvor die Atmosphäre bestimmt hat.
Viele meiner Klientinnen fangen dann erst einmal an, die Wohnung zu putzen, die Handtücher zu waschen und das Bett neu zu beziehen. Sie tun das nicht etwa, weil sie sich ekeln würden, sondern weil sie ihre Wohnung als ihr eigenes Territorium zurückerobern wollen. Sonst wäre die Wartezeit, die nun wieder anbricht, für sie überhaupt nicht auszuhalten.
Emotional befindet man sich in einer Fern-

beziehung permanent in einem Wechselbad der Gefühle. Das ist für beide Partner nach einiger Zeit meist extrem belastend. Viele Menschen, die eine Fernbeziehung führen, haben das Gefühl, »irgendwie dazwischenzuhängen«. Sie sind nicht richtig mit dem Partner zusammen, weil er nur so selten da ist, und sie sind nicht richtig allein, denn ihr Leben ist doch so sehr auf die Partnerschaft ausgerichtet, dass sie versuchen, alle anderen Termine mit Freunden und der Familie um die Fernbeziehung herum zu organisieren.

Zu meistern ist eine solche Herausforderung nur, wenn man zu einem frühen Zeitpunkt in der Beziehung verbindliche gemeinsame Ziele formuliert und Meilensteine festlegt. Erfahrungsgemäß ist die Belastung in einer Fernbeziehung dann leichter zu ertragen.

Solche Meilensteine könnten zum Beispiel sein:

- ◇ Wir probieren jetzt ein paar Monate aus, wie es mit der Partnerschaft auf Distanz läuft.
- ◇ Wenn wir uns in einigen Monaten immer noch so gut verstehen, einigen wir uns auf eine Stadt und suchen dort innerhalb einer festgelegten Zeitspanne eine gemeinsame Wohnung.
- ◇ Wir versuchen, beruflich eine andere Lö-

sung zu finden, damit wir uns häufiger sehen.
- ◇ Wir müssen den Alltag teilen.

Eine Schwierigkeit ist es auch, den richtigen Zeitpunkt für ernsthafte Gespräche zu finden. Wenn die Situation zwischen den Partnern ohnehin schon angespannt ist, will keiner noch zusätzlich »Problemgespräche« führen. Die wenige Zeit, die man zusammen verbringt, soll nicht mit solchen ernsten Themen kaputt gemacht werden.

Klärende Gespräche müssen aber sein, um die Luft zu reinigen und rechtzeitig gegenzusteuern. Denn die häufigsten Begründungen, die ich in meiner Praxis für das Scheitern solcher Beziehungen zu hören bekomme, sind: »Das brachte nichts mehr«, »Das war einfach zu anstrengend« oder »Mein Partner hat jemand anderen kennengelernt«.

Hier noch ein paar hilfreiche Tipps:
- ◇ Behalten Sie Ihren Freundeskreis. Nehmen Sie sich auch weiterhin genug Zeit, um Freundschaften zu pflegen.
- ◇ Achten Sie darauf, dass beide Partner regelmäßig zum jeweils anderen fahren. Wenn immer nur einer der beiden zum anderen kommt (meist ist das der Mann, weil die Frau die gemütlichere oder gepflegtere Wohnung hat), wird derjenige,

der ständig unterwegs ist, seinen eigenen Freundeskreis zwangsläufig vernachlässigen, während der andere diesen Freundeskreis nie zu Gesicht bekommt.

- Planen Sie gemeinsamen Urlaub. Wenn Sie längere Zeit miteinander verbringen, lernen Sie sich besser kennen und haben die Möglichkeit, gemeinsam neue Freunde zu finden.

Fremdgehen

Die Geschichte von CHRIS UND CHRISTIANE

Ein guter Freund rief mich an und bat um einen Termin für seine Kollegin Christiane, die großen Ärger in ihrer noch frischen Ehe habe. Christiane ist 53, der Ehemann Chris 58 Jahre alt. Die beiden sind seit circa zweieinhalb Jahren verheiratet. Das Paar lernte sich auf einer Online-Dating-Plattform kennen. Schon nach dem dritten Treffen machte Chris Christiane einen Heiratsantrag. Fünf Monate später wurde eine große Hochzeit gefeiert, und Christiane zog zu Chris in dessen Haus weit außerhalb von Frankfurt. Christiane hat einen hoch dotierten Job im Zentrum von Frankfurt, sodass sie nun täglich eine Dreiviertelstunde zur Arbeit fahren muss. Doch was macht man nicht alles aus Liebe?

Aus einer früheren Beziehung hat Chris eine siebenjährige Tochter, die jedes zweite Wochenende und alle Ferien bei Chris und Christiane verbringt. Zu Christiane hat die kleine Alice ein besonders enges Verhältnis. Für Christiane ist das zwar schön, aber andererseits auch anstrengend, denn sie hat einen sehr anspruchsvollen Job und würde sich am Wochenende eigentlich ganz gern entspannen und faulenzen. Trotzdem waren die beiden glücklich, und alles war gut.

Bis Chris vor ungefähr vier Monaten plötzlich anfing, ständig an Christiane herumzunörgeln. Er erzählte ihr, dass seine Firma bald pleitegehen würde, dass er nichts als Ärger habe und völlig überfordert sei. Und dazu würde sie ihm seit einem halben Jahr das Leben extrem schwer machen. Die Situation eskalierte immer weiter. Chris spielte den Depressiven, vom Leben Gebeutelten und machte Christiane immer wieder Vorwürfe. Er klagte, er hätte sie nie heiraten dürfen, sei nicht mehr glücklich mit ihr, und behauptete, sie behandele ihn schlecht. Christiane wurde immer unsicherer und wusste gar nicht, was sie falsch gemacht hatte. Denn unter anderem hatte sie Chris 60 000 Euro geliehen, damit er bei seiner Bank eine Sicherheit hinterlegen konnte, um den Bankrott seiner Firma zu verhindern. Mit anderen Worten: Christiane war immer bereit zu helfen, egal, ob es sich um finanzielle Schwierigkeiten oder die Betreuung der kleinen Alice handelte.

Als Christiane zu ihrem ersten Termin zu mir kommt, lerne ich eine zarte, kleine, blonde Frau kennen, die sofort zu weinen beginnt. Sie ist verletzt, todunglücklich und zweifelt an sich. Ich höre mir ihre Geschichte in Ruhe an und habe gleich ein flaues Gefühl im Magen – was ehrlich gesagt meistens bedeutet: Der Mann hat eine andere.

Ich frage Christiane behutsam, ob es sein könnte, dass Chris im Büro eine andere Frau kennengelernt hat? »Nein«, sagt sie entschieden. »Auf keinen Fall! Der Arme ist aus arbeitstechnischen Gründen überfordert und hat eine leichte Depression. Er tut mir leid, und ich habe keine Ahnung, wie ich ihm helfen kann. Ich weiß, dass er auch in Behandlung ist, dass er sehr viele Medikamente schluckt und viel weint. Und neuerdings betrinkt er sich jeden Abend.«

Ich beruhige Christiane und schicke sie zum Arzt, damit er ihr ein Mittel verschreibt, da sie keine Nacht mehr entspannt schlafen kann. Und man darf nicht vergessen: Christiane hat einen anstrengenden Job und muss funktionieren. Ein paar Tage später ruft sie mich an, um mir zu berichten, dass ihr Mann auf eine kurze Geschäftsreise nach Italien muss. Christiane ist das sehr recht, da sie nun zu Hause durchatmen kann. Doch ich habe immer noch das Gefühl: Chris betrügt Christiane.

Am Wochenende ist die kleine Alice bei Christiane, da es wieder eines dieser Wochenenden ist, die sie bei Papa verbringt. Papa ist zwar nicht da, aber das ist kein Problem, denn Christiane und Alice sind ein eingespieltes Team. Am Nachmittag kommen auch die beiden erwachsenen Söhne aus Chris' erster Ehe zu Besuch. Das machen sie hin und wieder, da die Jungs in der Nähe wohnen und auch sie ein sehr gutes Verhältnis zu Christiane haben. Natürlich kommt das Thema auf Chris. Die beiden hören sich Christianes Bericht darüber an, dass Chris im Moment total überarbeitet und depressiv sei, verziehen das Gesicht, und Christiane merkt zum ersten Mal: Hier stimmt etwas nicht.

Die Jungs fangen an, Christiane zu trösten und ihr ins Gewissen zu reden, dass es doch an der Zeit sei, ihren Mann einmal zu kontrollieren und sich nicht ablenken zu lassen von seinen Klagen und seiner Jammerei. Christiane ist völlig aufgelöst, und am Abend, als alle Kinder das Haus verlassen haben, ruft sie mich an. »Frau Fauck, was soll ich machen? Kann es sein, dass die Jungs recht haben, dass es doch eine andere Frau gibt? Ich bin ratlos und weiß nicht, wie ich mich verhalten soll.«

Nach dem Gespräch mit mir nimmt Christiane ihren ganzen Mut zusammen und ruft den Älteren der beiden Söhne an: »Michael, sag mir ehrlich, weißt du etwas?«

»Ja«, sagt Michael. »Jetzt, wo du direkt fragst, kann ich es dir auch sagen. Vater ist nicht alleine in Italien, er ist dort mit seiner italienischen Freundin, die er seit sechs Wochen kennt. Sie sind gemeinsam zu einer Hochzeit eingeladen. Es gibt überhaupt keinen Geschäftstermin.«

Christiane ist am Boden zerstört, aber sie ist auch erleichtert, weil sie nun endlich und zum ersten Mal das Gefühl hat, dass nicht sie die Schuldige ist, sondern dass Chris sie klein macht, weil er ein schlechtes Gewissen hat. Außerdem braucht er natürlich eine Ausrede, um nicht zu Hause sein zu müssen und seinen Freiraum zu haben.

Christiane erzählt mir: »Heute Nacht werde ich das erste Mal wieder ruhig schlafen, denn das Schlimmste für mich war diese Ungewissheit, die ständige Frage: Was mache ich falsch? Nun ist es raus, er hat eine andere.«

In den nächsten Tagen fängt Christiane an zu recherchieren. Schnell hat sie auf Facebook und Instagram das Profil der Frau gefunden. Natürlich ist sie das genaue Gegenteil von ihr, keine kleine, zarte, blonde Frau, sondern eine große, kräftige Dunkelhaarige, angeblich wohlhabend, anscheinend alleinstehend.

Christiane versucht, ihr Leben wie bisher weiterzuleben, sie geht normal arbeiten, was natürlich anstrengend ist und ihr sehr viel abverlangt. Drei Tage später kommt Chris nach Hause. Wie immer meckert er an allem herum, erzählt aber auch gleich, dass er ein paar Sachen mit ins Büro nach Frankfurt nehmen werde, denn in den nächsten Tagen habe er längere Besprechungen, weshalb er sich nicht auf den Weg nach Hause machen wolle, sondern im Büro oder in einem Hotelzimmer übernachte. Christiane hört sich diese Lügengeschichten an, und als Chris am darauffolgenden Wochenende wieder anfängt, Hemden und Krawatten einzupacken, und sagt, er wisse gar nicht, wann er in der nächsten Woche nach Hause komme, platzt es aus Christiane heraus: »Ach übrigens, ich hoffe, es war schön in Italien mit deiner Schlampe.«

Plötzlich wendet sich das Blatt, man glaubt es kaum. Chris bricht in Tränen aus, will getröstet werden und spielt das arme Unschuldslamm, das nichts Böses getan hat. Er weint, er wird noch kränker, jammert Christiane reichlich etwas vor und gibt das Opfer. Christiane lässt sich nicht beeindrucken, sie hat so viele Nerven gelassen und fühlt sich endlich nach langer, langer Zeit zum ersten Mal wieder in der besseren Position.

Im Folgenden leben nun beide erst einmal nebeneinander her. Christiane bleibt cool, macht ihren Job, erledigt zu Hause die Dinge, die erledigt werden müssen, und lässt Chris einfach links liegen, ist aber nach außen hin freundlich zu ihm. Sie geht zu einer Familienanwältin, lässt sich beraten, was auf sie zukommen kann, was sie nun darf und was nicht. Der Besuch bei der Anwältin ist äußerst hilfreich, denn diese erklärt Christiane: »Sie sind noch keine drei Jahre verheiratet, das bedeutet, was immer Ihr Mann in der Firma anstellt, Sie sind für nichts haftbar.«

Christiane geht auch zur Bank, bespricht mit der Angestellten, dass sie die Schließfächer verlegen möchte und neue Codes benötigt. Sie ruft Freunde an, denen ein Maklerbüro gehört, und sagt: »Wenn ihr eine kleine passende Wohnung in Frankfurt in der Nähe meiner Arbeitsstelle findet, bitte meldet euch bei mir, ich wäre euch sehr verbunden, denn der lange Fahrtweg ist mir zu weit.« Die Freunde horchen natürlich auf, denn alle waren schon sehr erstaunt, dass Christiane Chris innerhalb kürzester Zeit geheiratet hat. Christiane war zum Zeitpunkt der Hochzeit 51 Jahre alt und vorher nie verheiratet. Außerdem fanden sie es seltsam, dass Christiane ihren Freundeskreis seit ihrer Heirat komplett vernachlässigt hat.

Christiane hat inzwischen ein Gefühl von Stärke und Sicherheit entwickelt, weil sie es geschafft hat, in den letzten Tagen so viel auf die Beine zu stellen. Auch die Medizin, die ihr die Ärzte verschrieben haben, damit sie innerlich etwas ruhiger ist und ihrer Arbeit nachgehen kann, hilft ihr. Wir telefonieren jeden dritten Tag. Abends geht Christiane nach wie vor nach Hause, verhält sich dort aber weiterhin strikt und unnachgiebig.

Drei Wochen später ruft mich Christiane an und berichtet mir: »Frau Fauck, Sie werden es nicht glauben, Chris hat mit der Neuen Schluss gemacht.« Ich bin nicht wenig erstaunt, vermute aber eher, dass die Neue herausgefunden hat, dass Chris noch verheiratet ist, und ihn daraufhin rausgeworfen hat, denn Chris glaube ich kein Wort. Christiane erzählt mir weiter, sie hätten sich ausgesprochen, sie würde einige Dinge, die Chris angesprochen hat, verstehen, in manchem wäre er im Recht, und auch er kann ihre Sichtweise in gewisser Weise nachvollziehen. Na gut, denke ich, da bin ich jetzt mal gespannt, wie lange das noch hält. Aber was soll ich sagen, dadurch, dass Christiane sich in der besseren Position befindet und Chris im Grunde am langen Arm verhungern lassen kann, gewinnt sie plötzlich mehr und mehr seine Achtung. Es stellt sich heraus, dass er sich in der Tat von dieser neuen Frau getrennt hat, das bestätigen auch die Söhne, die großen Einblick in das Privatleben ihres Vaters haben. Chris hat also nicht gelogen. Jetzt heißt es abwarten.

Sechs Wochen später telefoniere ich wieder mit Christiane. Durch Sommerferien und Krankheit hatten wir eine längere Telefonpause. Christiane berichtet mir voller Freude, dass sie nun ein wunderbares, leichtes Leben mit Chris führe. Viele Probleme hätten sich gelöst, und Chris habe durch die andere Frau festgestellt, dass seine Christiane zu Hause doch ein Goldstück sei. Vielleicht muss man manchmal einiges erleben, um wertzuschätzen, was man hat. Man darf auch nicht vergessen, dass Chris mit seinen 58 Jahren plötzlich in einer handfesten Krise steckte und dachte: »O Gott, jetzt bin ich für den Rest meines Lebens an Christiane gebunden, ich darf nichts anderes mehr erleben, bin hier gefesselt, hinzu kommt, dass meine Firma schlecht läuft, die Kinder alle Christiane lieben, ich immer weiter ins Abseits gerate und eigentlich nicht mehr gebraucht werde.« Da kommt ein kleiner Seitensprung natürlich wie gerufen. Das kennen wir alle, das Unbekannte, Neue ist immer interessanter als das Altbewährte, und von jemandem bewundert zu werden, sorgt bei uns allen dafür, dass wir uns stark fühlen.

In diesem Fall hat das Drama ein positives Ende genommen, denn dieses Paar hat sich wiedergefunden und weiß sich jetzt gegenseitig mehr zu schätzen. Christiane macht weiter alles richtig, indem sie sich ihre neu gewonnene Stärke bewahrt, sich nicht mehr als kleines verletzliches Mäuschen präsentiert, sondern ihre Angelegenheiten selbst regelt und ihre Freunde und ihre Familie nicht mehr hinter die Beziehung zurückstellt – sie lebt ihr Leben, nimmt aber auch am Familienleben mit Chris und seinen Kindern teil.

Christiane und ich einigen uns auf eine Coachingpause. Fünf Monate später erhalte ich einen Anruf von ihr, und sie berichtet mir, dass immer noch alles wunderbar läuft. Sie hat gelernt, sich zu äußern, ihre Wünsche auszusprechen und sich und ihr eigenes Leben nicht komplett aufzugeben, und das imponiert Chris sehr.

Zwei Menschen über fünfzig haben ihr spätes Glück gefunden. Sie sind kurz ins Straucheln geraten, weil sie sich des anderen zu sicher waren und sich gegenseitig nicht mehr geachtet haben. Durch Chris kleinen Fehltritt haben beide wieder Sehnsucht nacheinander verspürt. Und durch Christianes Veränderungen haben sie gelernt, sich ein neues gemeinsames Leben aufzubauen, in dem keiner von ihnen zu kurz kommt.

Die Geschichte von PETER UND PAULA

Bei der Geschichte von Peter und Paula handelt es sich um eine völlig andere »Fremdgehgeschichte«. Sie zeigt, dass man sich auch nach langer Ehe nicht sicher sein kann, dass der Partner für immer bleibt, und lehrt uns, dass man ihn nicht als Selbstverständlichkeit nehmen darf. Liebe will gepflegt sein. Immer, auch nach vielen Ehejahren noch.

Paula und Peter sind seit fast 25 Jahren verheiratet. Immer haben sie sich gegenseitig viel Freiraum gelassen. Peters große Leidenschaft ist sein Segelboot, für das er in Grömitz an der Ostsee einen Liegeplatz gemietet hat. Seit Jahren verbringt er jede freie Minute auf dem Boot, und auch gemeinsam haben er und Paula viele Urlaubsreisen damit unternommen.

Da Peter einige Jahre älter ist als Paula, geht er vor ihr in den Ruhestand. Die viele freie Zeit, die er nun hat, nutzt er, um sein Schiff endlich einmal vollständig zu überholen, während Paula weiter ihrer Arbeit als Lehrerin nachgeht. Da er von Hamburg aus nicht jeden Tag eine Stunde Hin- und eine Stunde Rückfahrtzeit verschwenden will, wohnt er bald überwiegend auf dem Boot. Am Wochenende besucht er Paula dann in Hamburg, oder sie kommt zu ihm nach Grömitz. Was zunächst für einen Sommer geplant war, entwickelt sich jedoch mehr und mehr zur Dauerlösung, und schnell sind zwei Jahre vergangen.

Doch dann merkt Paula, dass sich etwas verändert hat. Immer seltener kommt Peter nach Hamburg, und immer öfter teilt er ihr mit, dass er am Wochenende nicht da ist, weil er eine größere Segeltour plant, weil er seinen Bruder in Flensburg besucht oder weil irgendetwas anderes anliegt. Als Paula nachhakt, erfindet Peter irgendwelche Ausflüchte, und als sie vorschlägt, ihn nach Flensburg zu begleiten, verheddert er sich vollends in Widersprüche. Verunsichert wendet Paula sich an ihre beste Freundin Marion und klagt dieser ihr Leid. Marion versucht, die Sache herunterzuspielen, und meint, Paula würde sich zu viele Gedanken machen.

Als wieder einmal ein einsames Wochenende bevorsteht, an dem Peter angeblich mit seinem Freund Gerd auf großer Tour ist, beschließt Paula, der Sache auf den Grund zu gehen. Das Wetter ist seit Tagen miserabel und die Vorhersage verspricht keine Besserung – Paula kann sich nicht vorstellen, dass Peter und Gerd bei strömendem Regen auf der Ostsee herumschippern. Also setzt sie sich in ihr Auto und startet Richtung Grömitz.

Im Hafen angekommen entdeckt sie sofort Peters Boot, das keineswegs mit gehissten Segeln auf hoher See unterwegs ist, sondern seelenruhig am Steg liegt. Als sie wenige Schritte vom Boot entfernt ist, hört sie, dass Peter offenbar Besuch hat. Und zwar weiblichen Besuch.

»Hatte ich also doch recht«, sagt sie sich grimmig und setzt im Geiste drei dicke Minuszeichen hinter Marions Menschenkenntnis. Als sie jedoch vorsichtig näher herangeht und durch das kleine Bullauge ins Innere der Kajüte linst, trifft sie fast der Schlag. Drinnen sitzen fröhlich lachend beim gemütlichen Abendessen: Peter und ... Marion! Paula traut ihren Augen kaum. Wutentbrannt »entert« sie so stürmisch das Schiff, dass in der Kajüte der Tee aus den Tassen schwappt. »Ihr Betrüger!«, brüllt sie, und nur Sekunden später schießen ihr die Tränen in die Augen, und sie bricht förmlich vor Peter und Marion zusammen.

Niemals hätte sie geglaubt, dass ihr so etwas passieren könnte: Dass der eigene Mann sie mit der besten Freundin betrügt. Vielleicht hätte sie Peter einen Seitensprung mit irgendeiner jungen Segelbekanntschaft verziehen. So aber fühlt sie sich doppelt verraten – und doppelt hilflos, denn sie kann in dieser Situation weder auf die Unterstützung ihres Mannes zählen, noch kann sie sich bei ihrer Freundin ausweinen.

Und umso bitterer stößt ihr jetzt auch auf, dass sie in ihrer mittlerweile fast 25 Jahre andauernden Ehe so manchen Kompromiss eingegangen ist, weil ihr der gemeinsame Weg, die Vertrautheit und nicht zuletzt die Aussicht darauf, den Lebensabend gemeinsam zu verbringen, so viel bedeutet haben. Jetzt ist all das für sie in einem einzigen Moment zerbrochen. Noch Monate nach ihrer unglaublichen »Entdeckung« fragt sie sich, ob es nicht besser gewesen wäre, wenn sie nie etwas davon erfahren hätte. Wenn sie ihren Verdacht und ihr Misstrauen einfach ignoriert und darauf gesetzt hätte, dass Peters mutmaßliche Liebelei – mit wem auch immer – früher oder später schon von allein ein Ende findet. Doch über die Tatsache, dass er die Schamlosigkeit besessen hat, mit ihrer besten Freundin anzubandeln, kann sie einfach nicht hinwegsehen.

Als sie bei mir in der Praxis sitzt, betont Paula immer wieder, dass sie schließlich nicht mehr frisch verliebt gewesen sei und dass sie Peters Macken manchmal sogar unerträglich gefunden habe. Und trotzdem – und darüber staunt sie selbst am meisten – fällt sie nach der Trennung so tief wie noch nie in ihrem Leben. Nicht zuletzt hat das auch mit dem gemeinsamen Freundeskreis zu tun, dem sowohl Paula und Peter als auch Marion angehören. Als die Nachricht erst einmal die Runde gemacht hat, ist es Paula so unangenehm, den Freunden zu begegnen, dass sie mehrere Male sogar die Straßenseite wechselt, um einem Bekannten aus dem Weg zu gehen.

Mir gegenüber gesteht sie nach einigen Sitzungen ein, dass sie im Grunde sogar ein wenig versteht, warum Peter sich eine neue Partnerin gesucht hat, denn viel zu oft hat sie sich ihm gegenüber gleichgültig gezeigt oder sogar an ihm herumgemäkelt. Ihr Job als Lehrerin hatte immer Vorrang.

Nach sieben Monaten kehrt Peter zu Paula zurück. Er hat festgestellt, dass Marion nicht die große Liebe war, sondern nur eine Ablenkung vom eintönigen Ehealltag.

Nach vielen gemeinsamen Sitzungen in meiner Praxis beschließen Peter und Paula, ihr Leben neu zu gestalten. Paula gibt ihren geliebten Job auf. Peter verkauft das Boot, kündigt den Liegeplatz. In der Nähe von Bremen wagen die zwei einen Neuanfang mit einem neuen Boot, neuer Anlegestelle und einem neuen Zuhause, das sie beide gemeinsam einrichten.

Aufkommende Probleme in der Beziehung werden jetzt sofort angesprochen und gemeinsam gelöst. Auch haben beide gelernt, sich gegenseitig von ihren Wünschen zu erzählen und für alles einen Kompromiss zu finden. Das hört sich leicht an, in Wirklichkeit gehört jedoch viel Arbeit, Geduld und Verständnis dazu. Paula und Peter machen das meisterlich, und ich bin stolz auf diese beiden Klienten.

Das rät die Expertin

Das Thema Fremdgehen ist eng verknüpft mit dem Thema Vertrauen. Häufig ist es so, dass ein Mensch, der selbst nicht zu Seitensprüngen neigt, dem eigenen Partner blind vertraut. Dass der andere sich in fremden Betten amüsieren könnte, zieht er überhaupt nicht in Betracht. Wenn dann doch eine Affäre oder ein One-Night-Stand ans Tageslicht kommt, trifft diese Menschen die Realität umso härter. Sie fühlen sich nicht nur zurückgewiesen und hintergangen, sondern haben zusätzlich damit zu kämpfen, dass ihr Vertrauen missbraucht wurde.
Dagegen sind Menschen, die selbst schon einmal fremdgegangen sind oder die bereits in einer vorherigen Beziehung betrogen wurden, in der Regel misstrauischer und haben ein sehr feines Gespür dafür, ob der Partner sich emotional entfernt hat und wo-

möglich untreu ist. Trotzdem stellen sie ihn nicht immer sofort zur Rede, weil sie vielleicht unsicher sind und Angst haben, sie könnten ihn zu Unrecht beschuldigen. Oder sie wollen die Tatsache nicht wahrhaben, dass die Beziehung in einer Krise steckt. Viele haben sogar ein schlechtes Gewissen, dass sie ihrem Partner etwas so Niederes zutrauen. Meiner Erfahrung nach kann man sich in solchen Fällen aber fast immer auf die Intuition verlassen.

So oder so stellt jeder Seitensprung die Beziehung auf eine harte Probe, denn derjenige, der betrogen wurde, ist anschließend oft nicht mehr in der Lage, dem anderen zu vertrauen. Selbst wenn der Betrüger sich entschuldigt und der Betrogene ihm verziehen hat, bedeutet das nicht automatisch, dass das Vertrauen zwischen beiden wiederhergestellt ist. Da kann jedes Zuspätkommen, jeder »verdächtige« Anruf und allein der Name einer neuen Kollegin, eines neuen Kollegen, der zweimal fällt, gleich Auslöser für schlimmste Streitigkeiten sein. Neues Vertrauen zu schaffen, ist deshalb die wichtigste Aufgabe, wenn die Beziehung weiterhin eine Chance haben soll.

Wie aber kann das in einer solchen Situation gelingen? In erster Linie ist dafür Kommunikation nötig. Beide Partner sollten sich zusammensetzen und offen über ihre Gefühle sprechen. Wie konnte es überhaupt so weit kommen, dass ein Partner diese Grenze überschritten hat? Was braucht der betrogene Partner, um wieder vertrauen zu können? Was können beide tun, damit sie wieder glücklich miteinander sind?

Häufig wird davon ausgegangen, dass jemand seinen Partner nur deshalb betrügt, weil innerhalb der Beziehung Dinge im Argen liegen. Ich kann diese Auffassung nicht bestätigen. Früher, als die Familie noch in engen sozialen Strukturen lebte, häufig mehrere Generationen unter einem Dach und auch die oft religiös geprägten Moralvorstellungen noch weitaus präsenter waren, mag es so gewesen sein. Heute ist die Schwelle zum Fremdgehen jedoch so niedrig, dass allein die Abenteuerlust ausreicht, um sie zu überschreiten. Ob auf der Geschäftsreise, am Arbeitsplatz oder im Internet – die Gelegenheit zum Seitensprung begegnet uns fast überall. Da kann man schnell auf die Idee kommen, mal zu schauen, was es »anderswo« so zu erleben gibt.

Doch aus welchem Grund auch immer es dazu kommt, dass ein Partner den anderen betrügt – ab dem Moment geht es darum, in die Zukunft zu schauen und daran zu arbeiten, wieder eine gemeinsame Perspektive zu schaffen. Ehrlichkeit ist dabei das höchste Gebot, ohne Ehrlichkeit ist es quasi unmöglich, eine solche Krise wirklich zu überwinden. Das beinhaltet auch, dass offen darüber gesprochen wird, ob beide Partner die Beziehung überhaupt noch aufrechterhalten wollen. Häufig erlebe ich es, dass der Seitensprung lediglich als Vorwand dient, um die Beziehung zu beenden. »Du wirst mir ja sowieso nie verzeihen, da können wir uns auch gleich trennen«, heißt es dann – und da sollten beim betrogenen Partner sofort alle Alarmglocken läuten.

Allen »Fremdgehern« sei gesagt: Vertrauen aufzubauen ist ein Prozess, der sich nicht übers Knie brechen lässt. Geben Sie Ihrem Partner also ein wenig Zeit und haben Sie Verständnis, wenn es zwischendurch auch mal kleine Rückschläge gibt. Denn der Betrogene muss nicht nur das Vertrauen in seinen Partner zurückgewinnen, sondern auch das Vertrauen in sich selbst – was im Grunde die größte Hürde darstellt. Viele Betrogene fragen sich immer und immer wieder: »Wie konnte mir das passieren? Wo war ich mit meiner Aufmerksamkeit, dass ich das nicht (früher) gemerkt habe? Wie schlecht kenne ich meinen Partner, dass ich ihm nicht auf die Schliche gekommen bin? Habe ich mir selbst etwas vorgemacht?«

Viele finden für den anderen dann sogar schneller eine Entschuldigung als für sich selbst: »Er/sie war auf Geschäftsreise und fühlte sich halt einsam.«, »Er/sie wurde verführt.«, »Ich hatte so wenig Lust auf Sex, da ist es kein Wunder, dass er/sie sich das woanders geholt hat.«

Ein guter Weg für beide ist, sich Bedenkzeit einzuräumen und dann noch einmal bei null anzufangen. Sehr anschaulich ist diese Möglichkeit in dem Kinofilm zu der Serie »Sex and the City« dargestellt: Nachdem er längere Zeit nicht mehr mit seiner Frau Miranda geschlafen hat, geht Steve fremd. Vom schlechten Gewissen geplagt, beichtet er seiner Frau den Seitensprung, woraufhin diese sich zutiefst verletzt sofort von ihm trennt und auszieht. Steve, der Miranda immer noch liebt, lässt jedoch nicht locker und versucht, die Liebe seiner Frau mit allen Mitteln zurückzugewinnen. Schließlich erklärt sich Miranda bereit, mit ihm zusammen eine Paartherapeutin aufzusuchen. Diese rät ihnen Folgendes: Sie sollen sich ab sofort vier Wochen lang nicht sehen und während dieser Zeit beide überlegen, ob sie an der gemeinsamen Beziehung noch festhalten wollen oder nicht. Wer die Beziehung möchte, soll dann an einem bestimmten Tag zu einer bestimmten Uhrzeit auf die Brooklyn Bridge kommen. Wenn beide dort erscheinen, wird nicht mehr auf das zurückgeschaut, was war, sondern in eine gemeinsame Zukunft geblickt, in der keiner dem anderen mehr wegen des Betrugs Vorwürfe macht – ein Startschuss in ein neues gemeinsames Leben.

In meiner Praxis höre ich allerdings auch immer wieder den Satz: »Ich kann nicht monogam sein. Mir wird so etwas immer wieder passieren. Das hat nichts mit dem Herzen zu tun, sondern nur mit meinem Körper.« Wenn Sie zu diesen Menschen gehören, sollten Sie das zu einem frühen Zeitpunkt in der Beziehung offen thematisieren – und zwar noch bevor das erste »Malheur« passiert ist. Meistens realisiert man den Zeitpunkt sehr genau, wenn ein Verhältnis vom ersten Verliebtsein in eine feste Partnerschaft übergeht. Dann ist es an der Zeit, das Thema Treue anzusprechen. Zu sagen: »Ich weiß aus der Erfahrung meiner letzten Beziehungen, dass ich niemand bin, der treu sein kann«, gibt dem Gegenüber die Chance, damit umzugehen und Ihre Lebensweise zu akzeptieren oder eben nicht. Es gilt dann, entweder einen Kompromiss zu finden, mit dem beide Seiten leben können, oder im Zweifelsfall getrennte Wege zu gehen. Ich kenne sowohl Paare, die seit Jahren erfolgreich in einer offenen Beziehung leben, als auch Fälle, in denen die Partnerschaft innerhalb kürzester Zeit daran zerbrochen ist. Gerade letztere Möglichkeit hält viele potenzielle Fremdgänger davon ab, ein solches klärendes Gespräch zu führen. So mancher denkt dann: Vielleicht wird es diesmal ja anders – obwohl er im tiefsten Herzen schon weiß, dass er sich damit etwas vormacht. Verantwortungsvoll ist so ein Verhalten nicht – und übrigens auch nicht sehr respektvoll dem Partner gegenüber.

Die wichtigsten Tipps in Kürze:

- Vertrauen Sie auf Ihr Bauchgefühl und suchen Sie das Gespräch mit Ihrem Partner, wenn Sie den Eindruck haben, er entfernt sich von Ihnen und es könnte jemand anderes im Spiel sein. Aber bombardieren Sie ihn nicht gleich mit Vorwürfen, sondern versuchen Sie, konstruktiv mit der Situation umzugehen.
- Eine offene Kommunikationskultur ist der beste Garant für eine glückliche Partnerschaft – das gilt auch, wenn ein Partner fremdgegangen ist.
- Können Sie die Krise durch Gespräche nicht überwinden, nehmen Sie sich eine Bedenkzeit, in der Sie sich nicht sehen und in der jeder von Ihnen für sich entscheidet, ob er die Beziehung weiter-

führen möchte oder nicht. Wollen beide zusammenbleiben, beginnen Sie bei null: Lassen Sie das, was war, hinter sich und konzentrieren Sie sich auf eine gemeinsame Zukunft.

- ◇ Wenn Sie selbst fremdgegangen sind, haben Sie Verständnis dafür, wenn Ihr Partner etwas Zeit braucht, um das Vertrauen zu Ihnen wieder aufzubauen.
- ◇ Wenn Sie von sich wissen, dass Sie ein »notorischer Fremdgänger« sind, konfrontieren Sie Ihren Partner offen damit und geben Sie ihm die Chance, sich mit diesem Wissen für oder gegen Sie zu entscheiden.

So erkennen Sie, dass Sie von Ihrem Partner betrogen werden:

- ◇ Er ist mit den Gedanken immer anderswo, hört noch seltener zu als sonst.
- ◇ Eventuell kommt es seltener oder gar nicht mehr zu Sex, auch Küsse werden verhaltener ausgetauscht.
- ◇ Er hat plötzlich Lust, sich wieder mehr mit seinen Freunden zu treffen.
- ◇ Er ist plötzlich der Meinung, dass Sie Ihre Hobbys mehr pflegen sollten.
- ◇ Er ist ungern zu Hause.
- ◇ Er lädt plötzlich ständig Gäste ein, will offensichtlich vermeiden, mit Ihnen allein zu sein.

- Am Wochenende räumt er die Garage oder den Keller auf, erledigt Dinge, die er bisher immer aufgeschoben hat.
- Er weicht immer aus, wenn Sie den nächsten gemeinsamen Urlaub ansprechen, und kann sich angeblich terminlich noch nicht festlegen.
- Er kümmert sich wieder mehr um sich und seinen Körper, hat beispielsweise wieder mit dem Joggen angefangen.
- Er kauft sich ein Parfüm oder ein neues Deo, plötzlich ist ihm nichts zu teuer.
- Sein Handy ist zu Hause ausgestellt. Er geht zum Telefonieren auf den Balkon oder in den Garten.
- Er leidet unter Schlafstörungen.
- Er verliert an Gewicht.

Im Gegensatz zu Männern, die leidensfähiger sind und die Beziehung meist erst beenden, wenn sie eine neue Liebe gefunden haben, sind Frauen sehr entschieden, wenn sie ihren Partner verlassen wollen. Dementsprechend unterscheidet sich auch ihr Verhalten bei einem Seitensprung von dem ihrer Männer.

So erkennen Sie, dass Sie von Ihrer Partnerin betrogen werden:

- Sie wird wortkarger und stellt vor allem das Nörgeln ein.
- Es gibt keine Zärtlichkeiten, keinen Sex.

- ◇ Sie sortiert das Haus, mistet Schränke aus.
- ◇ Sie seufzt häufig und bildet sich ein, Sie würden das nicht merken.
- ◇ Sie lächelt, wenn sie sich unbeobachtet fühlt.
- ◇ Sie gibt Ihnen immer Freiraum für Ihren Sport, Ihre Freunde, obwohl sie früher immer darüber gemeckert hat. Sie ist offensichtlich froh, wenn Sie nicht zu Hause sind.
- ◇ Sie verstaut Handy, Handtasche und andere persönliche Gegenstände plötzlich immer so, dass Sie nicht mehr darüber stolpern können.
- ◇ Sie telefoniert immer öfter mit der besten Freundin, die natürlich eingeweiht ist.

Das erste Kind

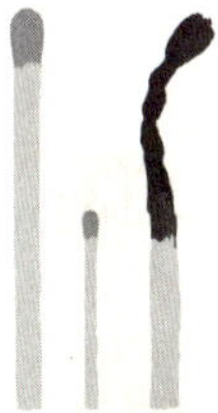

Die Geschichte von KATJA UND KLAUS

Ein Baby verändert alles. An nichts werden in Beziehungen so viele Hoffnungen und Sehnsüchte, Ängste und Wünsche geknüpft wie an ein gemeinsames Kind. Kinder sollen Ehen retten, Sehnsüchte stillen und dem Leben der Eltern einen Sinn geben. Doch die Fantasie vom heilen, harmonischen Familienleben löst sich oft schon nach kurzer Zeit in Luft auf. Durchwachte Nächte, weil der Nachwuchs Zähne bekommt oder krank ist, Termine, die nicht eingehalten werden können, weil zu Hause alles aus dem Ruder läuft, und Partys, auf die man nicht gehen kann, weil kein Babysitter zu bekommen ist, zerren an den Nerven und häufig auch am Beziehungsfrieden.

Natürlich gibt es auch Paare, denen es gelingt, diese Herausforderungen zusammen zu meistern. Gab es jedoch schon vorher Risse in der Beziehung, wird auch ein Kind diese nicht kitten können. Im Gegenteil: jedes Paar, das ein oder mehrere Kinder in die Welt setzt, braucht eine besonders strapazierfähige gemeinsame Basis.

Ich möchte niemandem seinen persönlichen Kinderwunsch ausreden. Ich habe selbst zwei Töchter und zwei Enkelsöhne, auf die ich sehr stolz bin und die ich zu keinem Zeitpunkt hätte hergeben wollen – ob sie nun besonders gut gelaunt und lieb waren oder mich nachts wachhielten, weil sie vierzig Grad Fieber hatten. Kinder bringen viel Freude ins Leben, wenn man sich auf sie einlässt und bereit ist, für eine gewisse Zeit auf vieles zu verzichten. Aber ein »Wir« mit Ihrer Partnerin oder Ihrem Partner, das nicht schon vorher da war, werden Sie auch durch ein Kind nicht schaffen.

Und auch der umgekehrte Fall stellt viele Beziehungen und Ehen auf die Probe: Gibt es bei einem oder beiden Partnern einen Kinderwunsch, der unerfüllt bleibt, hat das oft drastische Folgen für das Paar.

Wie Vorstellungen und Wünsche rund ums

Kind die Beziehungsdynamik verändern können, zeigt die folgende Geschichte.

Katja, 39 Jahre und Klaus, 51 Jahre alt, sind ein echtes Traumpaar. Sie sind seit etwa fünf Jahren zusammen, und sowohl finanziell als auch beruflich stehen beide auf eigenen Füßen: Klaus ist Manager, Katja ist in der gleichen Firma als Chefassistentin tätig. Sie haben bisher nicht geheiratet, weil ihnen nicht recht einleuchten will, was eine solche Bindung für sie verändern sollte, zumal beide eine gescheiterte Ehe hinter sich haben. Dann wird Katja schwanger. Ihre biologische Uhr tickte und es wurde Zeit, das Thema Baby ernsthaft anzugehen. Immerhin ist Katja nun Ende dreißig. Auch Klaus freut sich und überlegt nicht lange – er macht Katja einen romantischen Heiratsantrag, und sie willigt glücklich ein.

Die Hochzeit wird ein rauschendes Fest, die letzten Gäste verabschieden sich erst nach einem gemeinsamen Frühstück um neun Uhr morgens.

Und obwohl sich äußerlich überhaupt nichts verändert, denn Katja und Klaus leben schon seit vier Jahren in einer gemeinsamen Wohnung, beginnen keine vier Wochen nach der Heirat die ersten Probleme. Los geht es mit den Versicherungen, die Klaus für die Familie abschließen will und Katja total spießig und überflüssig findet. Dann können sie sich nicht einigen, wie die Wohnung für das Baby umgestaltet werden soll. Und schließlich kämpfen beide mit der Angst, dass ihr freies

Leben zu Ende sein wird, wenn das Kind erst mal auf der Welt ist, dass es keine spontanen Treffen mit Freunden und keine Kurzurlaube mehr geben wird.

Leider bleibt die erhoffte Wende nach der Geburt der Tochter Lina Marie aus. Vor allem Katja kann sich überhaupt nicht mit ihrer neuen Rolle als Mutter und dem veränderten Lebensrhythmus anfreunden. Beim Anblick der mit Brei beschmierten Tischdecke oder ihrer vollgesabberten Blusen und Pullover könnte sie vor Frust Heulkrämpfe bekommen. Sie hält es kaum aus, mit Lina Marie allein zu Hause zu bleiben, während Klaus morgens in die Firma fährt. Er hingegen würde liebend gern mit Katja tauschen und sich den ganzen Tag um das Baby kümmern, was jedoch während der Stillzeit nur schwer möglich ist.

Als das Kind ein halbes Jahr alt ist, ist Katja mit ihren Nerven am Ende. Sie ist eine Karrierefrau und will wieder arbeiten. Als Mutter und Hausfrau fühlt sie sich minderwertig und bereut, je ein Baby bekommen zu haben. Klaus gegenüber wird sie ungerecht, beschuldigt ihn, er habe unbedingt ein Kind gewollt, sie nicht. Das ist natürlich eine verdrehte Wahrnehmung.

Sie besorgt sich einen Babysitter und fährt für die Firma sofort zu einer Fortbildung nach Frankfurt. Und natürlich kommt es dann, wie es kommen muss: Sie lernt dort einen attraktiven Kollegen kennen und verguckt sich in ihn. Das Interesse beruht auf Gegenseitigkeit, und die beiden nutzen den kurzen Aufenthalt für eine intensive Affäre.

Endlich empfindet sich Katja wieder als Frau, fühlt sich begehrt und frei. Zwar weiß sie von Beginn an, dass das zwischen ihr und dem neuen Mann nicht die große Liebe ist, aber die Geschichte liefert ihr das Sprungbrett in die »Freiheit«, nach der sie sich so sehr sehnt. Sie eröffnet Klaus, dass sie sich verliebt hat, und ist ein paar Monate später bereits ausgezogen. Sie könne dieses Leben als Mutter und Hausfrau auf die Dauer einfach nicht ertragen, erklärt sie ihm. Sie findet das Muttersein schlimm und erdrückend, fragt sich, warum sie überhaupt studiert hat, wenn sie dann doch nur zu Hause sitzt. Sie möchte wieder richtig Geld verdienen und die Anerkennung in der Firma genießen. Außerdem beschließt sie, unabhängig zu bleiben, keinen festen Partner mehr zu haben. Den so wichtig gewordenen Sex holt sie sich bei irgendwelchen lockeren Dates.

Der zurückgelassene Klaus findet zunächst keine Worte, dann aber gehen er und Katja die Dinge ganz pragmatisch an. Sie einigen sich darauf, dass Lina Marie beim Vater lebt und Katja ihm für die Tochter Unterhalt zahlt. Alle 14 Tage nimmt sie die Tochter für ein Wochenende zu sich, um trotz allem kontinuierlich den Kontakt zu ihr zu halten.

Dieses System ist zwar anfangs noch mit vielen Konflikten und ständigem emotionalen Auf und

Ab verbunden, aber schließlich pendelt sich alles auf einen Modus ein, mit dem alle drei leben können. Jetzt hat Katja auch viel mehr Spaß daran, mit der Tochter zusammen zu sein und gemeinsame Aktivitäten zu planen – denn sie weiß ja, dass sie nach zwei oder drei Tagen ihr gewohntes Leben wiederhaben wird.

Auch Klaus ist mit der Situation zufrieden. Er meint, man merke eben doch den Altersunterschied zwischen ihm und Katja, er muss sich nicht mehr frei fühlen und sich im Beruf etwas beweisen. Er weiß, wer er ist, was er kann. Er genießt die Ruhe und den Frieden alleine mit Lina Marie, einer Haushälterin und einem Babysitter.

Klaus und Katja waren immer gemeinsam zum Coaching in meiner Praxis. In vielen Fällen geht das nicht gut, oft sind die Emotionen der Expartner zu stark und kochen im gemeinsamen Gespräch hoch. Mit Katja und Klaus war jedoch eine konstruktive Zusammenarbeit möglich, und wir konnten eine zufriedenstellende Lösung für alle Parteien finden.

Die Geschichte von REGINA UND RUDOLF

Rudolf lernt Regina auf einer privaten Party bei Freunden kennen. Die erfolgreiche Rechtsanwältin imponiert ihm, denn im Gegensatz zu ihr hat er einen ruhigen entspannten Job als Angestellter bei der Stadt. Beide sind ungebunden und frei. Regina ist 42 Jahre alt und Rudolf 46 Jahre. Schnell werden sie ein Paar. Und es dauert auch nicht lange, und Rudolf zieht zu Regina.

Das Paar führt ein zufriedenes, leichtes Leben, und auch der Sohn aus Rudolfs erster Ehe stört die Beziehung überhaupt nicht. Rudolf trifft sich regelmäßig mit ihm, aber immer allein und außer Haus, um Regina nicht damit zu belasten.

Nach einem Jahr erwähnt Rudolf immer häufiger, er wolle ein zweites Kind. Eine Familie zu gründen kam für Regina jedoch bisher überhaupt nicht infrage. Sie fühlt sich zu alt und will sich weiterhin auf ihre Karriere konzentrieren. Sie verdient gutes Geld, außerdem wurde ihr vor Kurzem eine Partnerschaft in der Kanzlei in Aussicht gestellt. Doch Rudolf lässt nicht locker, er wünscht sich über alle Maßen ein Kind mit Regina. Er verspricht, sie zu heiraten und sie mit dem Kind zu unterstützen. Er bietet an, in den nächsten drei Jahren das Geld zu verdienen, während sie mit dem Kind zu Hause bleibt. Außerdem habe er auch noch ein dickes Erbe auf der Bank.

Nach acht Monaten wird Regina tatsächlich schwanger. Es wird eine leichte Schwangerschaft, ohne irgendwelche Komplikationen. Ende Januar kommt dann das kleine Mädchen zur Welt, die Freude ist riesig, das Glück groß.

Nach ungefähr drei Monaten wird die neue Familie allerdings vom Alltag eingeholt. Rudolf hat keine Lust, weniger zu arbeiten, um Zeit für das Baby zu haben, und noch weniger Lust hat er, Regina dauerhaft finanziell zu unterstützen. Ein Jahr später springt Reginas Mutter für ein paar Monate ein und passt auf die kleine Svenja auf. Bald kommt die Kleine in die Kita und die Familie lebt immer mehr aneinander vorbei. Natürlich ist es ein unruhiges, anstrengendes Leben, denn beide Eltern arbeiten Vollzeit, und die Kleine wird erst spät aus der Betreuung abgeholt. Rudolf hält keines seiner Versprechen, weder wird geheiratet, noch teilt er sich mit Regina die Erziehung des Kindes, und schon gar nicht hilft er im Haushalt. Regina aber gibt die Hoffnung nicht auf. Bei einem wunderschönen Urlaub zu dritt kommt es endlich wieder zu körperlicher Nähe zwischen Regina und Rudolf.

Doch kaum ist die Familie nach dem Urlaub wieder zu Hause angekommen, verändert sich Rudolf schlagartig. Für Frau und Kind hat er keine Zeit mehr, fortan ist er nur noch schlecht gelaunt, hat es immer eilig und muss angeblich ständig Überstunden machen. Regina ist ihm völlig egal, mehr noch, er wird sogar eifersüchtig auf sie, weil Svenja logischerweise sehr auf ihre Mutter fixiert ist, die sich ja im Grunde allein um sie kümmert. Rudolf meckert ständig herum und wirft Regina vor, dass sie sein Leben versaut habe.

Einen Monat lang schaut Regina sich das an, dann fängt sie an, in Rudolfs Sachen herumzuschnüffeln. In seinem Handy findet sie mehrere SMS von einer anderen Frau. Abends stellt sie ihn zur Rede. Er antwortete patzig, das sei nur eine Kollegin. Das habe nichts zu bedeuten.

In den folgenden Wochen fängt Rudolf an, alle Tatsachen zu verdrehen. Er beschuldigt Regina, dass sie einfach schwanger geworden sei. Er habe kein Kind mit ihr gewollt. Er vermisse die attraktive Karrierefrau und wolle so schnell wie möglich die Trennung, wolle grundsätzlich nie wieder eine Partnerin. Auch auf die Arbeit hat er keine Lust mehr, er geht in Frührente, verspricht aber, sich immer um die kleine Svenja zu kümmern.

Für Regina bricht eine Welt zusammen. Schließlich wollte sie niemals ein Kind. Natürlich liebt sie Svenja heute über alles, aber es war nie ihr Wunsch, Mutter zu werden. Jeden Abend holt sie Svenja jetzt nach der Arbeit erschöpft aus der Kita, macht Abendbrot und bringt das Kind ins Bett. Danach fällt sie weinend in ihr eigenes Bett. Sie ist mit ihren Kräften völlig am Ende.

Da sie nicht verheiratet waren, erhält Regina nach der Trennung zwar Unterhalt für die gemeinsame Tochter, allerdings zahlt Rudolf immer nur das Nötigste. Wie versprochen holt er Svenja aber tatsächlich regelmäßig alle zwei Wochen von Samstag bis Sonntagabend zu sich und kümmert sich um sie.

Währenddessen kommt Regina aus ihrer Depression gar nicht mehr heraus. Sie ist über vierzig Jahre alt, hat ein Kind und muss Vollzeit arbeiten, um genug Geld für die Wohnung und die Lebenshaltungskosten zu verdienen. Nie hat sie Zeit, sich einfach mal fallen zu lassen. Dazu kommt, dass Reginas Familie in Dänemark lebt, die Oma also nicht mal schnell auf die Kleine aufpassen kann, damit Regina wenigstens in Ruhe einkaufen gehen könnte. Jedes Mal wenn sie zu mir in die Beratung kommt, muss Regina ihre Tochter bei einer Nachbarin lassen.

Mittlerweile ist Svenja fünf Jahre alt, und nach wie vor holt Rudolf die Kleine jedes zweite Wochenende ab. Nach einem dieser Besuche erzählt Svenja ihrer Mutter, dass jetzt bei Papa immer die liebe Karin sei und mit ihr spiele. Svenja ist völlig begeistert und erwähnt Karin in jedem zweiten Satz. Regina, die sich gerade etwas beruhigt und mit ihrer Situation abgefunden hat, fällt nun von einer Ohnmacht in die andere. Verliert sie jetzt auch noch ihr Kind? Natürlich ist das Quatsch, aber jede Mutter kann nachempfinden, wie Regina sich fühlt, wenn Svenja ihr von Karin vorschwärmt.

Das Chaos ist also wieder zurück. Wenn am Wochenende Rudolf kommt, um Svenja abzuholen, gibt es schon an der Haustür Krach und Streitereien, weil Regina sofort die Nerven verliert, wenn sie Rudolf sieht. »Mein Kind bekommt eine andere Mutter, und ich kann nichts dagegen tun!«

Sie fühlt sich belogen, hintergangen und jetzt auch noch aussortiert, da Rudolf eine neue Partnerin hat, obwohl er immer gesagt hat, er wolle sich nie wieder binden, sondern nur noch für sich allein da sein.

Es bedarf vieler Sitzungen in meiner Praxis, bis Regina zur Ruhe kommt, sich wieder als Frau fühlt und die Verletztheit ablegen kann. Bislang hat sie nur funktioniert und sich hinter dem Muttersein versteckt. Das ändert sich, als sie von ihrem Chef eine Gehaltserhöhung erhält und sie sich endlich eine Nanny für Svenja und den Haushalt leisten kann. Jetzt wird das Kind um 15 Uhr aus der Kita abgeholt, zu Hause ist es aufgeräumt und auch der Kühlschrank ist gefüllt. Das bedeutet für Regina, dass Svenja stets gut gelaunt ist, wenn sie nach Hause kommt, und die beiden sich einen gemütlichen Abend machen können. Das Ritual, die Kleine ins Bett zu bringen, verläuft jetzt immer stressfrei, und Regina fängt wieder an, Freunde einzuladen und sich als Mensch zu fühlen. Sooft es geht, machen die beiden nun Urlaub, meist bei der Oma in Dänemark. Dort gibt es ein großes Haus, Familie, Onkel, Tanten und Cousinen.

Irgendwann trifft Regina in Dänemark beim Einkaufen zufällig ihre Jugendliebe Jan. Nach mehreren entspannten Treffen schöpft Regina wieder Vertrauen, sie fühlt sich begehrt, und es dauert nicht lange, bis die beiden ein Liebespaar werden.

Nach ein paar Monaten zieht Regina mit Svenja zurück nach Dänemark. Jan ist selbstständig und führt dort eine kleine Firma. Regina ist mehrsprachig aufgewachsen, könnte also auch in Dänemark jederzeit Arbeit in einer Kanzlei finden. Das ist aber momentan gar nicht notwendig, da Jan finanziell sehr gut aufgestellt ist.

Es ist Jans Liebe und seiner großen Geduld zu verdanken, dass Regina sich auf ein gemeinsames Leben mit ihm und Svenja eingelassen hat. Es ist noch nicht lange her, dass sie im Traum nicht daran gedacht hätte, je wieder eine Beziehung zu führen. Mit 47 Jahren eine neue Liebe zu finden, ist ein Geschenk des Himmels. Trotzdem fühlt sie sich bis zum heutigen Tage von Rudolf betrogen. Dass Rudolf sie überredet hat, ein Kind zu bekommen, ihr versprochen hat, sie zu heiraten und für sie und das Kind zu sorgen, und nichts von alldem gehalten hat, bleibt die größte Enttäuschung ihres Lebens.

Rudolf kann seine Tochter jetzt nur noch in den Ferien sehen. Er lebt inzwischen wieder allein. »Mit Karin hat es nicht gepasst«, sagt er.

Das rät die Expertin

Kein Ereignis bringt eine Partnerschaft so durcheinander wie die Geburt eines Kindes.

Häufig beginnt es bereits damit, dass nur einer der Partner – und das ist wesentlich öfter die Frau – wirklich ein Kind möchte. Männer stimmen diesem Wunsch dann meistens irgendwann zu und denken sich insgeheim, sie müssten mit der ganzen »Angelegenheit« gar nicht so viel zu tun haben. Die Frau wird das schon regeln, wenn er nur brav das nötige Kleingeld nach Hause bringt.
Jeder, der Kinder hat, weiß aber, dass das ein Trugschluss ist. Ist das Baby erst mal auf der Welt, bleibt nichts so, wie es war. Und dann gilt es für die Eltern, einen neuen Rhythmus zu finden, mit dem alle Beteiligten gut leben können. Das ist nicht immer leicht.
In meiner Praxis erlebe ich es immer wieder, dass das Thema Eifersucht in diesem Zusammenhang eine wichtige Rolle spielt und in verschiedensten Variationen auftritt: Da ist der Mann eifersüchtig, weil die Frau ihre gesamte Aufmerksamkeit nur noch dem Kind schenkt, oder die Frau ist eifersüchtig, weil der Mann sich liebevoller um das Baby kümmert als um sie. Ältere Geschwister sind eifersüchtig auf das neu angekommene Schwester- oder Brüderchen, und selbst die Großeltern fragen überhaupt nicht mehr danach, wie es den Eltern geht, sondern sorgen sich nur noch um das Baby. Normaler-

weise löst sich die Eifersucht, sobald das Kind den Vater komplett wahrnimmt und ihn anlächelt oder schon »Papa« sagen kann. Auch wenn Babys durchschlafen und die Mutter entspannter und ausgeruhter ist, profitiert davon die Stimmung in der Familie. Plötzlich wird alles leichter, und die Familie findet ihren Rhythmus.

Neben diesen Veränderungen im Familiensystem gerät auch der ganze Tagesablauf aus den Fugen. Anfangs muss das Baby alle vier Stunden gestillt werden – Schlafmangel zerrt an den Nerven, viele Frauen bemühen sich in dieser Zeit kaum noch um ihr Äußeres, und obwohl sie meist den ganzen Tag zu Hause sind, sieht es in der Wohnung aus wie bei den berüchtigten »Hempels unterm Sofa«.

In dieser Situation ist es wichtig, sich gegenseitig so viel Verständnis wie möglich entgegenzubringen und notfalls gemeinsam einen Zeitpunkt festzulegen, zu dem der Säugling mit ruhigem Gewissen abgestillt werden kann, damit wieder etwas mehr Struktur in den Alltag kommt.

Das nächtliche Stillen führt in vielen Familien auch dazu, dass das Baby jede Nacht im elterlichen Bett schläft, damit man es nicht immer hin- und hertragen und warten muss, bis es im Kinderbettchen wieder eingeschla-

fen ist. Für die Partnerschaft ist eine solche Entwicklung höchst kritisch, und ich würde jedem Elternpaar empfehlen, das Kind von Beginn an an das Schlafen im Kinderbett zu gewöhnen. Denn wo ein Kind im Ehebett schläft, findet kaum noch Sexualität statt. Spätestens wenn die Eltern sich dann auch noch gegenseitig mit »Mama« und »Papa« ansprechen, ist es an der Zeit, sich ein paar Gedanken über die Partnerschaft zu machen.
Ganz gleich, welcher der beiden Partner sich zu Hause um das Kind kümmert, wichtig ist, dass auch diese Arbeit anerkannt wird. Denn hier driften die Welten doch sehr auseinander – der eine kommt energiegeladen nach Hause, weil der Chef ihn gelobt hat, der andere kämpft deprimiert mit Babybrei und vollen Windeln. In einer solchen Konstellation verwundert es kaum, wenn der berufstätige Elternteil die Arbeitskollegin oder den Arbeitskollegen plötzlich attraktiver findet als den eigenen Partner, noch dazu, wenn der sich gehen lässt und sein Äußeres vernachlässigt.
Oftmals versuchen Männer auch, bei ihren eigenen Bedürfnissen gegenüber der Partnerin zurückzustecken. »Meine Frau ist jetzt so sehr mit dem Baby beschäftigt und hat ihre eigenen Sorgen, da will ich sie nicht

auch noch mit meinen Problemen belasten«, denken sich dann viele. Hinter diesem Verhalten verbirgt sich zwar eine gute Absicht, nach meiner Erfahrung ist das jedoch trotzdem der falsche Weg. Es ist immer besser, die Dinge anzusprechen, die Sie beschäftigen und belasten, anstatt sich zurückzuziehen. Letzteres führt am Ende nämlich genau dazu, dass beide Partner keinen Anteil mehr aneinander nehmen (können) und man sich auseinanderlebt.

Mein Exmann und ich haben uns von Anfang an einen Babysitter gesucht, der einmal pro Woche abends kam, damit wir wenigstens mal zu zweit im Lokal um die Ecke ein Bier trinken gehen konnten. Oft wären wir dann sogar lieber zu Hause geblieben, aber im Rückblick haben uns diese kleinen Ausflüge aus dem häuslichen Alltag doch gutgetan. Später wurde aus dem kurzen Kneipenbesuch der eine oder andere Kinoabend oder ein Abendessen bei Freunden. Je regelmäßiger man so etwas macht, desto schneller gewöhnt sich auch das Kind an eine andere Bezugsperson.

Ein weiterer Aspekt, der viele Partnerschaften ins Wanken bringt, ist, dass mit Kind vieles nicht mehr in derselben Weise planbar ist wie zuvor. Ich habe es schon oft erlebt, dass Eltern sich vorgenommen haben: erst kümmert sich die Mutter ein halbes Jahr um das Baby, dann bleibt der Vater einige Monate zu Hause. Ist das Kind aber erst mal da, entwickelt sich alles oft plötzlich ganz anders – sei es, weil die Mutter sich nach einem halben Jahr doch noch nicht vom Kind trennen will, oder weil sich dem Vater plötzlich eine Karrierechance bietet, die er keinesfalls wegen der Elternzeit sausen lassen möchte. Hier ist es das Allerwichtigste, dass sich beide Partner mit der Entscheidung, die dann getroffen wird, wohlfühlen und dem anderen keine Vorwürfe machen, wenn die ursprüngliche Absprache nicht eingehalten wird.

Selbst wenn das Kind schon früh in die Kita kommt, damit beide Elternteile ihrer Berufstätigkeit nachgehen können, sollte der Umgang mit Unvorhergesehenem klar abgesprochen werden. Schließlich muss irgendjemand das Kind abholen, wenn die Betreuerin anruft, weil es plötzlich 39 Grad Fieber hat.

Kommunikation und Absprachen sind in einer Partnerschaft mit Kind das A und O.

Was Sie außerdem am Übergang von der Paarkonstellation zur Familie beachten sollten:

◇ Seien Sie darauf gefasst, dass nach der Geburt des Kindes Ihr Alltag vollständig umgekrempelt wird, und versuchen Sie,

Ihrem Partner beziehungsweise Ihrer Partnerin in dieser Situation umso mehr Verständnis entgegenzubringen.

- Achten Sie darauf, dass die Sexualität spätestens nach fünf, sechs Monaten wieder genügend Raum in Ihrer Beziehung bekommt. Wenn Ihnen das nicht gelingt, sollten Sie rechtzeitig professionelle Hilfe in Anspruch nehmen.
- Integrieren Sie möglichst früh weitere Bezugspersonen in Ihren Alltag. Das kann ein Babysitter sein, der regelmäßig kommt, oder Familienangehörige. Das gibt Ihnen die Möglichkeit, auch mal mit Ihrem Partner/Ihrer Partnerin allein etwas zu unternehmen und den Kontakt zu Freunden aufrechtzuerhalten.
- Auch der Partner, der sich um die Versorgung des Kindes und um den Haushalt kümmert, hat Anerkennung verdient. Hier ist der berufstätige Partner gefragt, um diese Anerkennung zum Ausdruck zu bringen, ob durch Komplimente und kleine Geschenke oder indem er dem anderen auch mal einen Nachmittag freischaufelt, an dem er sich mit Freunden treffen oder einfach mit einem Buch ins Bett legen kann.
- Treffen Sie klare Absprachen, wer für welche Bereiche in Bezug auf das Kind,

den Haushalt etc. zuständig ist. Allerdings sollten Sie dabei nicht zu dogmatisch sein – Ausnahmen bestätigen ja bekanntlich die Regel.

Neben diesen Umwälzungen, die ein Kind für die Partnerschaft mit sich bringt, begegnet mir in meiner Berufspraxis allerdings häufig auch noch ein anderer Fall, der ebenfalls mit diesem Thema zusammenhängt. Da ist eine Frau mit Mitte dreißig, seit einigen Jahren in einer festen Partnerschaft, und möchte nun unbedingt ein Kind. Der Mann teilt diesen Wunsch jedoch nicht – und je mehr die Frau insistiert, desto klarer wird ihr, dass ihr Partner vielleicht wirklich kein geeigneter Familienvater ist. Was also tun? Wegen des Kinderwunsches den Mann verlassen, den man liebt? Und dann? Schließlich steht der nächste Anwärter ja nicht schon bereit und wartet nur darauf, dass sie ihm in die Arme läuft. Gleichzeitig wird das Ticken der biologischen Uhr immer lauter.

In einer solchen Situation kann ich jeder Frau nur raten: Versuchen Sie, für sich allein zu einer Entscheidung zu kommen. Wie wichtig ist Ihnen die Partnerschaft, wie wichtig der Kinderwunsch? Das bedeutet manchmal auch in letzter Konsequenz, sich vom Partner, mit dem man sich im Grunde

gut versteht, zu trennen, um seinem Lebenstraum vom eigenen Kind eine Chance zu geben. Denn solange Sie in dieser Partnerschaft verharren, werden Sie auch nicht offen dafür sein, einen neuen Partner kennenzulernen, der Ihren Wunsch teilt. Wenn Sie merken, dass Sie sich nicht vorstellen können, sich von Ihrem Partner zu trennen, müssen Sie sich fragen, ob Sie sich stattdessen von Ihrem Wunsch nach einem Kind trennen können.
Eine solche Entscheidung können nur Sie allein treffen, niemand kann sie Ihnen abnehmen. Auf lange Sicht ist das aber der einzige Weg, sich aus einem derartigen Zwiespalt zu befreien. Denn mit jemandem ein Kind in die Welt zu setzen, der das eigentlich gar nicht möchte, ist nicht ratsam. Umgekehrt sollten Sie sich aber auch davor hüten, Ihrem Partner jahrelang Vorwürfe zu machen, dass er Sie daran gehindert hat, ein Kind zu bekommen.

Neu verliebt in die Jugendliebe

Die Geschichte von DAVID UND DORINA

Besonders spannend finde ich es, wenn ich männliche Klienten beraten kann. Die Arbeit mit ihnen ist immer wieder aufschlussreich und hat mich gelehrt, Männer besser zu verstehen.

Dass Männer heute zu einem Coaching oder einer Beratung bereit sind, spiegelt den Wandel in unserer Gesellschaft wider. Denn vor 15 Jahren war es noch eine Rarität, dass ein Mann meine Hilfe in Anspruch genommen hat.

Einer dieser Klienten ist David. Er meldet sich

per Telefon in meiner Praxis und bittet um einen zeitnahen Termin. Zum Beratungsgespräch will er extra aus Zürich anreisen. Fünf Tage später sitzt mir ein attraktiver Mann Anfang fünfzig gegenüber. Aufgelöst und unter Tränen berichtet er mir, dass er seit 15 Jahren verheiratet ist und zwei Töchter hat. Die Ehe ist harmonisch, ohne großes Auf und Ab, die Kinder sind beide Wunschkinder, und er arbeitet als Prokurist in der Firma seiner Frau. Alles läuft glatt. Manchmal nerven zwar die Schwiegereltern etwas, da sie es waren, die vor dreißig Jahren die Möbelfirma gegründet haben, und sie oft ihren Senf zu den Entscheidungen der erwachsenen Tochter und des Schwiegersohnes dazugeben. Das führt häufig zu kleinen Ehestreitigkeiten, die sich aber immer wieder schnell aus der Welt schaffen lassen.

Das Drama beginnt, als David eine Einladung zu einem Klassentreffen erhält. Die Einladung überrascht ihn sehr, denn er kann sich gar nicht mehr an alle Klassenkameraden erinnern und hat seit Jahren keinen Kontakt mehr zu ihnen. Ohne viel zu überlegen, fliegt er nach München, wo das Treffen stattfindet.

David genießt es, einmal für ein Wochenende ohne Frau und Kinder zu verreisen, denn im Grunde lebt die Familie seit Jahren wie in einer Festung zusammen und keiner der beiden Elternteile macht je etwas alleine. Allerdings vermisst auch keiner von beiden irgendetwas.

Auf dem Klassentreffen begegnet David seiner Jugendliebe Dorina. Er hat sie seit 25 Jahren nicht mehr gesehen und auch nicht mehr an sie gedacht. Dorina lebt allein, ohne Kinder, ohne Familie, ohne Mann. Sie arbeitet als Lehrerin und ist mit ihrem Leben rundum zufrieden. Die Liebe trifft die beiden wie ein Blitz. Sie fühlen sich, als hätten sie sich erst gestern das letzte Mal gesehen. Mit allen Themen, allen Gefühlen knüpfen sie sofort an alte Zeiten an, als seien sie niemals getrennt gewesen. Man könnte es auch als Liebe auf den ersten Blick bezeichnen, die sich nach 25 Jahren wiederholt. Es dauert keine zwei Stunden, da verlassen David und Dorina Hand in Hand das Klassentreffen und verschwinden in Dorinas gemütlicher kleiner Wohnung in München.

Am nächsten Abend muss David zurück nach Zürich.

Von nun an hängt eine dunkle Wolke über ihm, er kann seiner Frau kaum noch ins Gesicht sehen und weiß vor lauter schlechtem Gewissen und Sehnsucht nach Dorina nicht weiter. Mit niemandem kann er darüber sprechen, dass er sich Hals über Kopf erneut in seine Jugendliebe verliebt hat.

In dieser Situation wendet er sich an mich. Bei unserem ersten Termin ist er kreidebleich, die Tränen laufen ihm über das blasse Gesicht und seine Verzweiflung über seine Gefühle ist nicht zu übersehen. Ich muss gestehen, dass mir David über alle Maßen leidtut und ich selbst den Tränen nahe bin.

So gefühlvoll, so emotional habe ich lange keinen männlichen Klienten mehr in meiner Praxis erlebt.

David ist völlig überfordert und weiß einfach nicht, wie er mit der Situation umgehen soll, denn für ihn steht außer Frage, dass er sein weiteres Leben auf jeden Fall mit Dorina verbringen will. Sein Problem ist nur: Wie sage ich das meiner Frau? Wie sage ich es meinen Töchtern? Und was wird aus meinem Job? Denn immerhin ist er bei seiner Frau angestellt. Wir diskutieren hin und her, was die beste Lösung sein könnte, ohne seine Frau schwer zu verletzen. Dann fliegt David zurück nach Zürich.

Wir haben vereinbart, dass er 14 Tage lang versuchen soll, Dorina zu vergessen und sich zu Hause in Zürich bei seiner Familie wieder wohlzufühlen. Aber schon nach zehn Tagen ruft er mich an. Mit zitternder Stimme teilt er mir mit, dass er mit seinen Nerven und seiner Kraft völlig am Ende sei. Er halte es vor lauter Sehnsucht nach Dorina nicht mehr aus. Mittlerweile hat er acht Kilo abgenommen, kann keine Nacht mehr schlafen, hat einen Migräneanfall nach dem anderen.

Nun gibt es keine andere Möglichkeit, als sich der Ehefrau anzuvertrauen und ihr zu erzählen, was in München passiert ist. Gesagt getan, und der Kampf ist eröffnet.

Denn Davids Frau rastet total aus, erzählt den Kindern umgehend, dass ihr Vater ein Lügner, Betrüger und Fremdgänger sei. Sofort setzt sie sich mit ihren Eltern in Verbindung, und David wird ein Ultimatum gestellt: Entweder er sieht Dorina nie wieder und stellt jeglichen Kontakt zu ihr ein, oder er erhält seine fristlose Kündigung als Prokurist, muss alle Firmenschlüssel, darunter die für die Firmenwagen, und den Schlüssel für die private Wohnung abgeben und natürlich sofort aus der gemeinsamen Wohnung ausziehen.

David setzt sich ins Flugzeug, kommt in seiner Not zu mir, um sich erneut Rat zu holen. Als Erstes muss ich ihn hier in Berlin zum Arzt schicken, denn er benötigt sofort ein Medikament gegen seine Unruhe und die Panikattacken.

Seine Frau hat inzwischen den kompletten Bekannten- und Freundeskreis informiert und allen erzählt, dass ihr Mann ein Betrüger sei, der es bestimmt immer nur auf ihr Unternehmen abgesehen, sie aber sicherlich nie geliebt habe. Sie ist zu keinem Gespräch bereit, entwickelt sich zur absoluten Furie. Sie ist derart verletzt, dass sie jegliche Kontrolle über ihr Handeln und ihre Worte verloren hat. Natürlich ist es ein großes Problem, dass ihre Eltern ihr den Rücken stärken. Ich habe den Eindruck, die Schwiegereltern sind froh, den Schwiegersohn endlich los zu werden, denn sie waren wohl immer schon der Meinung, dass David nicht gut genug für ihre Tochter sei. Außerdem genießen sie eindeutig, dass sie nun wieder Macht über ihre erwachsene Tochter haben und nicht zuletzt auch in der Firma wieder ein großes Mitspracherecht.

Davids Herz ist aber nicht mehr umzustimmen, seine Gefühle sind eindeutig – er möchte mit Dorina zusammen sein. Er ist bereit, dafür auf seine Ehefrau, seine Kinder, seinen Job, sein Ansehen, einfach auf alles zu verzichten.

Ich muss sagen, dass David sich die Entscheidung wirklich nicht leicht gemacht hat. Ich habe selten einen männlichen Klienten in meiner Praxis so leiden sehen wie David. Es zerreißt ihm das Herz, Frau und Kinder enttäuschen zu müssen. Aber seine Gefühle lassen ihm keine Wahl.

Als er nach unserem Gespräch zurück nach Zürich kommt, hat seine Frau bereits die Türschlösser auswechseln lassen, und David steht vor verschlossener Tür. Er überlegt nicht lange und fliegt zu Dorina nach München. Ohne einen Koffer, ohne einen Job, ohne irgendwelche Möbel, ohne Auto, nur mit der Kleidung, die er am Leib trägt, steht David vor Dorinas Tür.

Dorina wird es schwindlig vor lauter Glück, sie nimmt ihn sofort bei sich auf und kümmert sich rührend um den unglücklichen Mann. David muss einen Anwalt einschalten, um Zutritt zur Züricher Wohnung zu erhalten. Dieses Theater zieht sich über Wochen, bis der Anwalt erreicht hat, dass David wenigstens seine Kleidung, einige Schriftstücke, Bücher und persönliche Utensilien aus der gemeinsamen Wohnung holen darf.

In der Zwischenzeit finanziert Dorina alles von ihrem Lehrergehalt und kauft das Nötigste für David, denn natürlich hat seine Ehefrau alle Konten sperren lassen. Es ist ein langer, sehr harter Kampf bis es David erlaubt wird, seine Kinder wiederzusehen. Allerdings wird es ein sehr deprimierendes Treffen, denn die Kinder wurden von Oma, Opa und Mutter derartig gegen den Vater aufgehetzt, dass sie ihm äußerst feindselig gegenübertreten. Weder David noch die Kinder können viel aus diesem Treffen ziehen.

Ich finde es erstaunlich, dass ein Mann, der bisher in der Firma seiner Frau angestellt war, ein großzügiges Gehalt erhielt, eine gute Ehe führte, glücklicher Vater war, ein sorgenfreies Leben mit einem weiten sozialen Umfeld genoss, alles für seine Jugendliebe aufgibt. Vor dieser Entscheidung habe ich großen Respekt.

Jetzt, drei Jahre später, lebt David in bescheidenen Verhältnissen überglücklich mit Dorina zusammen. Er hat es keine Sekunde bereut, seine Ehefrau, den Job, die Schwiegereltern und das Leben im schönen Zürich hinter sich gelassen zu haben.

Der große Wermutstropfen ist natürlich die Sehnsucht nach seinen Töchtern. Er wird wohl warten müssen, bis die Kinder alt genug sind, um selbst die Liebe erlebt zu haben. Dann werden sie hoffentlich Verständnis für den Vater zeigen, der für die große Liebe die Familie verlassen hat.

Man muss anerkennen, dass David seiner Frau sofort die Wahrheit gesagt, sich bei mir Hilfe geholt und sich dann schnellstmöglich entschieden hat. Es gab keine Lügen, kein Vertuschen. Ich erlebe es in meiner Praxis tatsächlich höchst selten, dass ein Mensch sich seiner Gefühle so hundertprozentig sicher ist wie David und weiß, wo der Weg hinführen soll.

Bislang hat David in München keinen neuen Prokuristenjob gefunden. Er arbeitet in einem Architekturbüro für ein kleines Gehalt und lebt sparsam mit Dorina in deren kleiner Wohnung. Es vergeht nicht ein Tag, an dem die beiden sich nicht ihre Liebe gestehen. Noch immer sind sie sprachlos über das beidseitige Wiederaufleben ihrer Jugendliebe und genießen dankbar ihr gemeinsames Glück.

Jedes Jahr bekomme ich nun eine liebevolle Weihnachtskarte von David, mit der er sich immer wieder bei mir bedankt, dass ich ihn in seiner schweren Zeit beraten und in seinem Vorhaben unterstützt habe. Das lässt jedes Weihnachten mein Coaching-Herz höherschlagen.

Die Geschichte von MAJA UND MORITZ

Eine Kollegin, selbst Psychologin mit eigener Praxis hier in Berlin, kommt seit Jahren zur Supervision zu mir. Natürlich sprechen wir auch immer wieder über private Dinge. Maja ist 55 Jahre alt und hatte nach zwei gescheiterten Beziehungen – einer Ehe, aus der sie drei Kinder hat, und einer achtjährigen Partnerschaft – eigentlich beschlossen, dass es wohl ihr Schicksal sei, den Rest ihres Lebens allein zu verbringen. Das konnte sie sich auch durchaus vorstellen. Die Kinder bereiten ihr viel Freude, und auch beruflich läuft es gut bei ihr. Sie arbeitet zwar viel, aber ihr Leben ist erfüllt.

Vor Jahren war Maja an Krebs erkrankt. Die Krankheit hat sie mittlerweile überwunden, aber es war eine unglaublich schwere Zeit für sie und die Kinder, die die vier aber auch zusammengeschweißt hat. Seither sind sie ein noch stärkeres Team.

Nach der Krankheit genoss Maja ihre zurückgewonnene Gesundheit, das Leben und die Freiheit, denn wer so viel hinter sich hat, so viel durchlebt hat, für den ist jeder neue Tag ein Geschenk. Sie unternahm viel mit ihren Kindern und den vielen Freundinnen, die sie seit ihrer Jugend kennt. In diesen Mädelsrunden hatte sie immer Spaß, ein Mann fehlte da überhaupt nicht. Wann immer es die Zeit erlaubte, organisierten sie Wochenendreisen oder kleine Feste. An Feiertagen lud Maja zu sich nach Hause ein und bekochte die ganze Familie. Kurz und gut: Maja hatte ihr Leben wieder voll im Griff.

Liebe allerdings wollte sie auf keinen Fall mehr in ihrem Leben zulassen. Doch wie so oft hatte das Schicksal etwas anderes im Sinn.

Maja berichtet:

»Ich war in keiner Weise auf der Suche nach einem Partner, als ich durch Zufall an einem Dezemberabend in einer Berliner Szenekneipe meinem alten Jugendfreund Moritz über den Weg lief. Obwohl fast 35 Jahre vergangen waren, seit wir uns zum letzten Mal gesehen hatten, erkannten wir uns sofort wieder. Er freute sich offensichtlich sehr, mich zu sehen, und wollte mich auch gleich auf ein Getränk einladen. Ich war blöderweise sehr in Eile, weil meine Freundinnen im Auto auf mich warteten, um mit mir nach Hause zu fahren. Also lehnte ich das Getränk ab, sagte aber, dass ich am nächsten Samstag mit Freundinnen wieder hier in der Kneipe sei, und wenn er Lust habe, könne er ja einfach vorbeischauen.

Bis Samstag hatte ich das allerdings schon fast wieder vergessen. Ich war in fröhlicher Mädelsrunde unterwegs, als plötzlich Moritz, der es nicht vergessen hatte, in der Kneipe auftauchte und wir uns sofort in einer intensiven Unterhaltung verloren. Meine Freundinnen waren verwirrt, wunderten sich und tuschelten. Wer ist dieser Mann? Zwischen Moritz und mir hat es sofort kräftig gefunkt und den Mädels war das natürlich nicht entgangen. Nach und nach verließen alle das Lokal, nur Moritz und ich blieben zurück und zogen später noch weiter. Im nächsten Lokal war es dann so weit: Plötzlich standen wir knutschend wie Teenager auf der Tanzfläche. Ich erinnere mich noch, wie wir uns tief in die Augen schauten und ich dachte: Nun küss mich doch endlich. Offensichtlich hat Moritz meine Gedanken erraten. Der Kuss war sehr schön. So neu und doch so vertraut. Viele Erinnerungen an unsere Jugendzeit kamen mir plötzlich in den Sinn. Als wir uns in den frühen Morgenstunden voneinander verabschiedeten, sagte er: ›Diesmal verschwindest du nicht, ohne mir deine Telefonnummer zu geben.‹

Ich gab ihm meine Nummer und fuhr nach Hause. Bereits auf dem Heimweg schickte er mir die erste WhatsApp: ›Du fehlst mir.‹

Ich war völlig durcheinander. In was für ein Chaos war ich da geraten? Die Gefühle waren so überwältigend, dass ich mit einem Mal bereit war, mein Leben neu zu gestalten.

Anfangs trafen Moritz und ich uns heimlich, was natürlich mit einer gewissen Spannung verbunden war. Wir waren uns schnell einig, dass wir einfach zusammengehörten. Ich wollte mit Moritz einen Neuanfang wagen. All meine Gedanken, dass mir kein Mann mehr ins Haus käme, warf ich über Bord, weil mich Moritz und die Gefühle für ihn völlig überrollt hatten. Ich konnte mein Glück kaum fassen, am liebsten hätte ich es laut hinausposaunt, wollte aber mit meiner Familie etwas behutsam umgehen. Schließlich konnte ich den Kindern doch nicht einfach einen neuen Mann vor die Nase setzen.

Moritz, der zu diesem Zeitpunkt noch in Spanien lebte, überlegte währenddessen schon, wie wir es wohl am besten schaffen könnten, eine Fernbeziehung zu führen. Sein Rückflug war für den 5. Januar geplant, wir hatten also noch ein paar Tage Zeit.

Der schlimmste Abend, den ich zu überstehen hatte, war der Heilige Abend, an dem meine Eltern zu Gast und alle Kinder im Haus waren. Meine Familie wusste zwar noch nichts von Moritz, ich bekam von meinen Eltern aber schon das passende Geschenk: einen Theatergutschein für mich und eine Begleitung. Nachdem alle Gäste gegangen waren, konnte ich mich endlich mit Moritz treffen. Wir verabredeten uns am Ku'damm, setzten uns dort auf eine Bank und lauschten dem Glockenläuten der Kirchen. Als wir dann den mitgebrachten Champagner tranken, hatte ich plötzlich das Gefühl, jetzt ist wirklich Weihnachten.

Auf die Frage von Moritz, ob ich Silvester mit ihm und ein paar Freunden auf Sylt verbringen wolle, sagte ich spontan Ja, ohne mir zu überlegen, wie ich das bewerkstelligen sollte. Ich griff zu ein paar kleinen Schwindeleien, um meiner Familie den Aufenthalt auf Sylt zu erklären, und verbrachte dort die erste gemeinsame Nacht mit Moritz. Am nächsten Morgen in seinen Armen aufzuwachen, war wunderschön. Wir hatten einen tollen Silvesterabend und einen schönen Neujahrstag, stellten aber mit Schrecken fest, dass der 5. Januar immer näher rückte.

Moritz verschob seinen Rückflug zwar mehrmals, musste dann aber Ende Januar doch zurück. Wir schrieben uns unglaublich viele WhatsApp-Nachrichten und telefonierten ständig. Im Februar besuchte ich Moritz in Spanien, und er stellte mich stolz seinen Freunden vor. Selten bin ich mit so offenen Armen und so herzlich empfangen worden. Unser Glück war offenbar auch nach außen hin sichtbar, denn alle, die uns trafen, merkten sofort, wie verliebt wir waren.

Den Plan, eine Fernbeziehung zu führen, verwarfen wir ziemlich schnell, weil wir beide dafür nicht geeignet sind und immer sehr darunter litten, wenn wir nicht zusammen waren. Da ich durch meine Praxis und meine Kinder gebunden bin, entschied Moritz, nach Deutschland zu kommen und sich bei mir in Berlin eine neue Existenz aufzubauen.

Einerseits freute ich mich natürlich sehr darüber, andererseits machte es mir auch ein bisschen Angst, weil ich mich für seinen Entschluss, Spanien zu verlassen, verantwortlich fühlte. Er versuchte, mir diese Angst zu nehmen, indem er sagte, er habe sowieso keine Lust mehr, in Spanien zu leben, und habe schon ewig Heimweh nach Berlin gehabt. Das konnte ich fast nicht glauben, denn ich fand Spanien einfach zu schön und hätte dieses Land nie gegen Deutschland und sein schlechtes Wetter tauschen wollen. Aber natürlich beschwerte ich mich nicht über Moritz' Umzugspläne.

Er kam also tatsächlich nach Berlin und schlief erst einmal auf dem Sofa eines Freundes. Von dort aus machte er sich auf die Suche nach passenden Räumlichkeiten für einen neuen Laden. Zwischendurch musste er immer wieder nach Spanien, um dort seine Jobs zu Ende zu bringen. Meinen Kindern hatte ich Moritz mittlerweile vorgestellt, und sie kamen mit der neuen Situation gut zurecht. Anfangs noch etwas skeptisch, sahen sie aber doch, wie glücklich ihre Mutter war, und das machte auch sie froh.

Der Plan, ein Ladengeschäft mit angeschlossener Wohnung für Moritz zu finden, hörte sich leichter an, als es in der Realität war. Darum bot ich ihm kurzerhand an, vorübergehend bei mir einzuziehen.

Es war schon eine verrückte Situation, als Moritz bei mir wohnte und wir gemeinsame alte Freunde trafen, die alle völlig aus dem Häuschen waren, als sie hörten, dass wir wieder ein Paar sind. Wir genossen die Gespräche über alte Zeiten sehr. Ich kannte seine Mutter, seinen Bruder, seine Schwester. Ich erfuhr allerhand Neuigkeiten, trotzdem war mir alles sehr vertraut. Mit der alten Jugendliebe einen Neustart zu wagen, ist nicht so, als würde man in einer Beziehung wieder bei null anfangen. Man hat schon viele Gemeinsamkeiten, und es werden immer mehr. Unglaublich viele Sätze beginnen mit: ›Weißt du noch?‹ Ich war 18 Jahre alt und Moritz zwanzig, als wir uns das erste Mal ineinander verliebten. Wir hatten die Schulzeit gemeinsam erlebt und konnten uns über sie unterhalten. Ähnlich schön muss es bei älteren Menschen sein, die fünfzig Jahre verheiratet sind. Wir merkten einfach mit jedem Tag, wie wir mehr und mehr zusammenwuchsen.

Deshalb verwarfen wir auch die »vernünftige« Idee von zwei getrennten Wohnungen sehr bald. Wir hatten überhaupt keine Lust, vernünftig zu sein, wir waren einfach nur glücklich, uns wiedergefunden zu haben, und wollten jeden Augenblick genießen. Moritz kam für mich genau zum richtigen Zeitpunkt. Nachdem ich meine Krebserkrankung überstanden hatte, habe ich meine Einstellung zum Leben komplett geändert, wollte jeden Tag intensiv genießen und nichts mehr verschieben, auf nichts mehr warten. Mir war bewusst geworden, wie wertvoll das Leben ist und wie schnell es vorbei sein kann. Als Moritz mir dann nach relativ kurzer Zeit ganz romantisch in Spanien einen Antrag machte, sagte ich sofort Ja. Kurz darauf heirateten wir standesamtlich in Berlin und feierten mit einer wunderschönen Strandzeremonie und einem rauschenden Fest in Spanien.

Alle hielten uns für verrückt, war ich doch diejenige gewesen, die immer gesagt hatte, dass sie nie wieder heiraten werde. Es ist also wirklich etwas dran, dass nur der Richtige um die Ecke kommen muss, und schon wirft man all seine Pläne über den Haufen.

Was unsere Beziehung zu etwas Besonderem macht, ist, glaube ich, eine Kombination aus vielen schlechten und guten Erfahrungen, die wir in unserem Leben gesammelt haben. Ich habe mich noch von keinem Mann so geliebt gefühlt, so wertgeschätzt wie von Moritz. Vielleicht sind wir jetzt einfach reifer, besser geeignet für eine Beziehung. Viele Sachen nimmt man nicht mehr so ernst und geht sie mit einer gewissen Leichtigkeit an. Wir haben beide gelernt, den Augenblick zu genießen. Wir suchen unsere Ruhe-Inseln im Alltag, machen gerne Kurztrips, besuchen Konzerte und flüchten auf diese Weise ein wenig aus dem Alltagstrott.

So können wir von unseren Erlebnissen zehren, wenn der Beruf uns wieder einmal zu sehr vereinnahmt. Wir haben einen besonders liebevollen Umgang miteinander, und ich freue mich jeden Abend, wenn Moritz nach Hause kommt. Ich bin glücklich, mit diesem tollen Mann verheiratet zu sein. Und dieses Glück strahlen wir offensichtlich auch immer noch aus, denn die Menschen um uns herum sprechen uns häufig darauf an.

Das schönste Erlebnis war, als meine Tochter zu mir sagte: ›Mama, ich hoffe, dass auch ich einmal in meinem Leben so ein perfektes Match finde, wie du es mit Moritz hast.‹

Das letzte meiner Kinder ist vor zwei Wochen ausgezogen, hat aber keine traurige Mutter hinterlassen, sondern eine glücklich verheiratete Frau, die sich auf einen wunderbaren Lebensabend mit ihrem Mann freut.«

Noch heute kommt Maja alle vier Wochen zu mir in die Praxis zur beruflichen Supervision. Nach jeder Sitzung lassen wir den Beruf beiseite, trinken zusammen einen Kaffee und quatschen über Privates. Maja ist sehr glücklich, und das merkt man, man spürt ihre Zufriedenheit. Für mich als Beraterin ist es ausgesprochen schön, auch einmal ein so wunderbares Happy End zu erleben. Oft kommen Menschen mit traurigen Schicksalen in meine Beratung. Da tut eine Geschichte mit einem derart positiven Ausgang sehr gut. Und macht Hoffnung, dass es nie zu spät für die Liebe ist.

Das rät die Expertin

Man hat sich ein Vierteljahrhundert nicht mehr gesehen, doch beim Klassentreffen flammt die Jugendliebe wieder auf. Immer wieder erlebe ich Klienten in meiner Beratung, die mir von dieser Erfahrung berichten. Man redet über alte Zeiten, gemeinsame Freunde, über Musik, die man damals zusammen gehört hat. Und plötzlich ist die alte Nähe wieder da. Das Herz schlägt schneller. Man fühlt sich zu Hause.

Auch Wissenschaftler beschäftigen sich mittlerweile mit diesem Phänomen und haben festgestellt: Durch das Internet ist das Wiederbeleben alter Jugendlieben regelrecht zu einem Trend geworden. Aber hat die neue alte Liebe auch eine Überlebenschance?

Aus meiner Praxis kenne ich kein Paar über fünfzig, das sich nach neu aufgeflammter Liebe wieder getrennt hat. Alle haben nach kurzer Zeit geheiratet. Meist liegt zwischen dem neuen Verliebtsein und der damaligen Jugendbeziehung eine sehr lange Zeit. Jeder hat Beziehungen, häufig auch eine Ehe hinter sich, Kinder bekommen oder auch richtig Kariere gemacht. Trotzdem war man nicht glücklich oder ist gescheitert. Jetzt, zurück in den bekannten Armen der Jugendliebe, ist das Vertrauen sofort wieder da.

Die Erinnerungen an die gemeinsam verbrachte Jugend, an Schul- oder Studiumserlebnisse sitzen tief. Die Paare sind zusammen aufgewachsen, haben gleiche Wertvorstellungen, hatten einen gemein-

samen Freundeskreis, und in der Regel kennt man auch noch die Eltern und Geschwister von früher. All das zusammen sorgt für eine enge Bindung.
Daher gibt es keine besonderen Tipps im Umgang mit der neuen alten Liebe, denn in diesem Fall sind sich die Betroffenen darüber im Klaren, worauf sie sich einlassen. Sie sind sich ihrer Sache und ihrer Gefühle sicher und wissen, dass es wirklich Liebe und Zuneigung ist, und nicht nur eine Illusion.
Was Sie aber dennoch beachten sollten:

◇ Wichtig ist, dass Sie eine Zeit lang zwischen Ihren Beziehungen allein gelebt haben. Das macht frei, filtert Ihre Seele und stärkt das Selbstwertgefühl enorm. Geben Sie sich selber den Raum dafür. Nichts ist schlimmer, als von Beziehung zu Beziehung zu ziehen. Oder wie früher üblich, von den Eltern direkt mit dem Ehepartner zusammenzuziehen. Jeder Mensch sollte einmal alleine gelebt haben, um sich und seine Wünsche zu finden und um zu spüren, dass er oder sie auch alleine leben könnte.
◇ Legen Sie die Angst ab, körperlich nicht mehr so attraktiv wie vor zwanzig Jahren zu sein. Das interessiert den Partner überhaupt nicht, dieses Problem macht man sich ausschließlich selbst. Das The-

ma Sexualität ist im Alter oft mit Ängsten verbunden. Das muss aber nicht sein, lassen Sie sich einfach fallen.

- Weihen Sie Ihre Familien ein. Besonders erwachsene Kinder fühlen sich sehr verletzt, wenn sie vor vollendete Tatsachen gestellt werden. Kinder möchten informiert sein, was Single-Eltern machen, denn sie sorgen sich um sie.
- Suchen Sie sich unbedingt ein gemeinsames neues Zuhause. Selten geht es gut, wenn ein Partner in das alte Leben des anderen zieht.
- Sorgen Sie für romantische Stunden zu zweit, zum Beispiel mit der Musik Ihrer gemeinsamen Jugend. Das festigt das Zusammenleben. In gemeinsamen Erinnerungen zu schwelgen, macht Spaß und verbindet.

Liebe aus dem Internet

Die Geschichte von TANJA UND TOM

Das Internet ist wie ein gigantischer Supermarkt für alle, die auf der Suche nach der großen Liebe sind. Hier gibt es eine riesige Auswahl an potenziellen Partnern, doch leider sind nicht alle Nutzer ehrlich.

Tanja, eine zauberhafte Frau aus dem Rheinland, hatte das Pech, an einen solchen Betrüger zu geraten. Ihre Geschichte scheint unglaublich, so haarsträubend waren die Lügen, so kompliziert die Ablenkungsmanöver, mit denen Tom versucht hat, Tanja zu täuschen und an sich zu binden. Sie zeigt, wie viel Energie und Zeit manche Menschen zu investieren bereit sind, um Macht über andere auszuüben.

Tanja kommt auf Rat ihrer Freunde und Familie zu mir. Sie sind beunruhigt, da Tanja so schrecklich unglücklich ist. Gerade hat sie vor lauter Liebeskummer eine wichtige Prüfung in den Sand gesetzt. Tanjas Mutter hat mich in einer Talkshow gesehen und sponsert das Honorar für mich, damit sich ihre Tochter bei mir Hilfe und Beratung holen kann. Zweimal reist Tanja extra mit dem Zug an, die weiteren Coachings erfolgen per Telefon. Bei diesen Gesprächen schüttet mir Tanja ihr Herz aus:

»Über eine Partnerbörse im Internet lernte ich Tom kennen. Auf seinem Profil stand: ›Getrennt lebend, Wohnort: Massachusetts/USA.‹

In den ersten Mails erzählte er mir, dass er nach mehrjähriger Beziehung seine damalige Freundin geheiratet habe, die Ehe aber schon nach sechs Monaten gescheitert sei. Sie habe auf seinen Vorschlag hin, sich zu trennen, damit gedroht, sich etwas anzutun. Er sei daher dankbar gewesen für das Jobangebot aus den USA, das er umgehend angenommen habe. Er blieb aber weiter verheiratet. Seine Frau habe ihn in den USA jedoch niemals besucht.

Bevor ich Tom zum ersten Mal traf, habe ich über Google ein wenig recherchiert. Er hatte mir erzählt, dass er einst DDR-Meister im Marathon gewesen sei. Und tatsächlich tauchte im Internet auch sofort ein Foto auf, das ihn nach einem Marathonlauf in den Rocky Mountains Arm in Arm mit seiner Frau zeigte. Als ich ihn darauf ansprach, antwortete er nur: ›Ja, das war das einzige Mal, dass sie da war. Ich war damals einverstanden, weil ich mich schuldig fühlte, dass es mit unserer Ehe nicht hingehauen hat, und sie trösten wollte.‹

Unser erstes Treffen fand kurz vor Weihnachten statt. Er hatte eine vorgedruckte Karte für mich, auf der stand: ›Die Person, die ich für Dich sein möchte …‹, und darunter hatte er geschrieben: ›I am looking forward to a wonderful life with you. I love you so much!!!‹ Große Worte für ein erstes Date, nicht wahr?

Er blieb zwei Tage und hatte dann geschäftlich in Süddeutschland zu tun. Danach wollte er noch einmal vorbeikommen. In den nächsten Tagen war er aber kaum noch telefonisch erreichbar. Zu Weihnachten meldete er sich erst am zweiten Weihnachtsfeiertag. Silvester hörte ich nur per SMS von ihm. Dann flog er zurück in die USA.

Für das kommende Jahr planten wir einen Urlaub auf Hiddensee. Im Vorfeld gab es bereits endlose Diskussionen darüber, wie lange wir bleiben wollten, alles war sehr kompliziert. Er meinte, er sei vorher noch in Stockholm und ich solle ihn am Flughafen Hamburg abholen. Dann sagte er, er würde in Berlin landen, da der Flug in Hamburg erst am Nachmittag ankäme und wir sonst einen ganzen Urlaubstag verlieren würden. Er wolle sich daher von Berlin nach Hamburg einen Mietwagen nehmen.

Ich wurde misstrauisch, habe recherchiert und herausgefunden: Es ging an dem Tag gar kein Direktflug von Stockholm nach Berlin. Er hatte aber explizit gesagt, er würde direkt fliegen. Als ich ihn dann in Hamburg abholte, erzählte er ganz dreist, wie unruhig der Flug gewesen sei, wie schlecht das Rührei und so weiter.

Die Woche auf Hiddensee war schrecklich. Er bestand darauf, jeden Morgen Brötchen holen zu gehen, obwohl es einen spitzenmäßigen Brötchenservice in der Apartmentanlage gab. Außerdem verschwand er auffällig oft ins Bad und blieb dort häufig sehr lange.

Nach unserem Urlaub brachte ich ihn zum Flughafen. Ich sollte ihn aber nur kurz absetzen, reingehen wollte er allein. Auf einmal hasste er lange Abschiede. Da wurde ich noch misstrauischer, mal ganz abgesehen davon, wie verletzt ich war. Um sicherzugehen, fragte ich noch mal bei allen Berliner Flughäfen nach, ob am Samstag zuvor ein Flieger direkt aus Stockholm gelandet sei, was verneint wurde. Daraufhin rief ich Tom auf dem Handy an und erzählte ihm, was ich herausgefunden hatte. Natürlich warf er mir vor, ich würde ihm hinterherspionieren, und beschwerte sich, dass er das unglaublich finde. Er könne mir gerne die Bordkarte zeigen. Das tat er dann auch – nur dass ihm dabei ein peinlicher Fehler unterlief. Statt des korrekten Flughafen-Kürzels TXL für Berlin-Tegel stand dort TGL. Meine beste Freundin hat mal als Stewardess gearbeitet und sofort gesehen, dass die Bordkarte gefälscht war.

Und es ging noch weiter: Tom behauptete, nach unserem Treffen noch drei Tage nach Schweden zu müssen und von dort aus sofort wieder in die USA zu fliegen. Allerdings hatte er einen Riesenkoffer voller Urlaubs- und Freizeitkleidung dabei. Da ahnte ich schon, dass er in Wirklichkeit noch mit wem auch immer Urlaub machen würde. Als ich sein Ticket sehen wollte, konnte er mir aber keines zeigen, weil es angeblich ein e-Ticket sei. Drei Tage später schickte er es mir dann doch. Allerdings war das Ticket von seinem Freund Ron ausgestellt, der ein Reisebüro in Neuseeland betreibt – eindeutig nur eine Gefälligkeit. In seiner Blödheit hatte Tom vergessen, den Kommentar seines Freundes zu löschen. Da stand in der an mich weitergeleiteten Nachricht der für Tom bestimmte Text: ›All done! Attached the copy! Ciao, Ron‹ Da wusste ich Bescheid!

Als Tom über Weihnachten bei seiner Mutter im Schwarzwald war, wollte er mich anschließend zu Silvester treffen. Zwei Tage bevor er kommen sollte, bekam er plötzlich Husten. Da mein Examen Anfang Januar anstand, wollte er mich nicht anstecken – wie rücksichtsvoll! Ich hatte ein merkwürdiges Gefühl und rief am Silvestertag in seiner Wohnung in Leipzig an, in der auch immer noch seine Frau lebte. Angeblich hatten sie zwei getrennte Schlafzimmer und er ließ sie nur aus Mitleid weiter dort wohnen, weil sie als Verkäuferin nur 700 Euro im Monat verdiente. Aber wer meldete sich am Telefon? Tom! Der doch eigentlich bei seiner Mutter im Schwarzwald im Bett liegen sollte.

Ich sagte: ›Tom, hier ist Tanja.‹ Er, total schockiert: ›Hallo, hallo! Wer ist da?‹ Ich wiederholte es noch einmal, daraufhin er: ›Hier gibt es keinen Tom!‹ – und legte auf. Er hat sich also selbst am Telefon verleugnet. Ich schrieb ihm eine SMS, woraufhin er mich anrief und meinte, ich würde wohl nicht richtig ticken, er sei natürlich bei seiner Mutter. Er wisse nicht, wer sich in Leipzig am Telefon gemeldet habe. Ein paar Wochen später erdreistete er sich sogar, mir das Titelblatt einer Zeitung aus dem Schwarzwald mit dem Silvesterdatum zu senden – als Beweis sozusagen.

Als dann meine Freundin, die sich als seine Kollegin ausgab, bei seiner Frau anrief und herauskam, dass er noch immer verheiratet war und sie eine Wohnung teilten, und nicht, wie er behauptet hatte, getrennt in zwei Wohnungen lebten, behauptete er, seine Frau würde lügen, sie seien schon längst geschieden. Kurz darauf schwenkte er um: Okay, ich könne seiner Frau alles sagen, er habe ihr ohnehin schon von mir erzählt. Dann bat er mich wieder, nichts zu sagen, weil sie sich sonst etwas antun könnte.

Immer öfter merkte ich auch, dass er sich in Deutschland aufhielt, mir aber erzählte, er sei in den USA. Denn wenn er in Deutschland war, klang sein Handy-Rufton anders, als wenn er aus dem Ausland anrief. Viel näher, nicht so echohaft. Als Tom mal wieder nach Deutschland kommen wollte, meldete er sich wenige Tage vor seinem angeblichen Abflug und war furchtbar lieb und freundlich. Es war die Zeit um Thanksgiving, und er sagte, er wolle mit einem Freund zum Skifahren in die Rockies, da sei es gerade ganz leer, weil ja alle Amis beim Turkey-Essen seien. Danach hörte ich zwei Tage lang nichts von ihm. Fünf Tage nach seinem Anruf war ich mit ihm in Deutschland verabredet. Er hatte behauptet, dass er noch nicht an Thanksgiving nach Deutschland fliegen könne, da er am Tag danach noch ein wichtiges Meeting habe. Ich war nach all den Stories längst misstrauisch und rief deshalb auf seinem Handy an. Da war er wieder, dieser Rufton – ganz nah, aber Tom ging nicht ran.

Am Tag unseres Treffens rief er mich, drei Stunden nachdem sein Flieger in Frankfurt hätte landen sollen, an: Flugverspätung, Gepäck war nicht auffindbar und überhaupt ... Er müsse auch noch kurz in Darmstadt vorbei, seinem Bruder ein verspätetes Geburtstagsgeschenk bringen. Natürlich hatte ich inzwischen längst im Internet nachgeschaut und wusste, dass der Flieger pünktlich gelandet war.

Als Tom dann schließlich bei mir ankam, merkte ich sofort, dass er gelogen hatte. Er war total nervös, seine Hände waren schweißnass. Ich ließ nicht locker und sagte ihm ins Gesicht, dass ich ihm nicht glaubte, woraufhin er geknickt vor mir stand. Er setzte zu einer Erklärung an, und ich dachte: Jetzt kommt es – er sagt mir, dass er bei einer anderen Frau war. Er begann mit: ›Okay, es hat ja keinen Zweck mehr zu lügen. Ich sag's dir‹, – tiefes Durchatmen – ›Ich, ich ... ich war bei meiner Mutter.‹

Ich konnte es nicht fassen. Dieses Mal war ich mir wirklich sicher gewesen, dass er mir die Wahrheit sagen würde, und wieder kam er mit einer neuen Lüge.

Nach diesem Vorfall sahen wir uns drei Monate lang nicht. Bei seinem nächsten Besuch dann bekam er am zweiten Tag einen Anruf, der ihn offensichtlich sehr nervös machte. Er sagte, er brauche dringend einen Internetanschluss, und fuhr zum Flughafenhotel, um dort den Hotspot zu nutzen. Zwanzig Minuten später leitete er mir eine E-Mail von seiner Chefin weiter, in der er um sofortige Rückkehr in die USA gebeten wurde. Ich spürte, dass hier etwas nicht stimmte, und bemerkte auch sofort, dass er selbst in die E-Mail hineingeschrieben hatte, weil Änderungen immer blau erscheinen, die ursprüngliche Mail aber in schwarzer

Schrift. Also wieder eine Lüge ... Er reiste ab, und als ich ihn später testen wollte (er hätte seit einer Stunde im Flieger nach New York sitzen müssen), ging der Anruf ganz normal durch. Danach war sein Handy ausgeschaltet.

Am nächsten Tag bekam ich dann eine SMS: Ja, sein Handy habe im Flieger geklingelt, und die Passagiere und auch die Stewardess hätten ihn ganz böse angeschaut ... Wie dreist kann ein Mensch sein?

Auch an seinem Geburtstag war er nicht erreichbar. Er rief mich am Tag zuvor an, angeblich aus Tokio, und klagte: ›Ich kann nicht schlafen, ich vermisse dich so sehr‹, um dann nach zwanzig Minuten ganz hektisch zu sagen: ›Du, gleich kommt mein Taxi zum Flughafen.‹ Nachdem er aufgelegt hatte, habe ich seine Nummer sofort noch einmal gewählt, um zu sehen, ob sein Anruf vielleicht doch aus Deutschland kam, aber sein Handy blieb für die nächsten 48 Stunden ausgeschaltet.

Dann folgte eine E-Mail: Er habe dank der Zeitverschiebung quasi zwei Tage lang Geburtstag gehabt. Er sei zunächst nach Osaka geflogen, dann weiter nach San Francisco (die normale Flugroute ist Tokio – San Francisco) und von dort nach New York. Er sei total kaputt und würde jetzt sofort schlafen gehen.

Ich hatte den Verdacht, dass er in Deutschland war und an diesem Wochenende einen der gemeinsamen Marathonläufe mit seiner Frau gemacht hatte. Und tatsächlich: Auf der Website vom Hamburg-Marathon fand ich seinen Namen und den seiner Frau. Er hat im Nachhinein auch das zugegeben.

Nachdem ich mir jahrelang seine Lügengeschichten angehört, aber eigentlich nie wirklich geglaubt hatte, verließ ich ihn nun endlich. Lange Zeit ließ er nicht locker. Er schickte mir E-Mails, SMS zu Weihnachten, zu Silvester und zum Valentinstag und sogar einen Kalender mit Fotos, die er selbst gemacht hatte. Das alles sollte mich dazu bringen, ihm zu verzeihen. Dazu muss ich sagen, dass er sich anfangs sozusagen in mein Herz fotografiert hat. Mit wunderschönen Fotoserien aus den USA hat er Sehnsüchte bei mir geweckt, mit ihnen gespielt, versucht, mich neidisch zu machen, und mich vermeintlich an seinem Leben teilhaben lassen.

Man kann sich vielleicht fragen, warum ich das alles so lange ertragen habe. Einerseits war ich im wahrsten Sinne des Wortes vor Liebe blind. Denn zwischendurch hat Tom mir immer wieder den Himmel auf Erden versprochen und mir als Liebhaber und als Mann viel gegeben. Das hat mich dann für eine Weile versöhnt. Andererseits hat er es verstanden, mir bei all seinen Lügen das Gefühl zu geben, als täte ich ihm unrecht, indem ich ihm nicht vertraue. Er hat mit mir gespielt, wie es schlimmer nicht ging!«

Nach vielen intensiven Gesprächen hat sich Tanja meiner Meinung angeschlossen: Tom ist ein Mensch mit einer gestörten Psyche. Welche Motive er auch immer für seine Handlungen gehabt haben mag, Tanja wird sich nicht länger in seine Lügenwelt hineinziehen lassen. Sie hat beschlossen, ihr Leben wieder selbst in die Hand zu nehmen und sich auf ihre Arbeit zu konzentrieren.

Diese Geschichte steht exemplarisch für viele Beziehungen, die online ihren Anfang nahmen. Das Internet lässt vieles zu, mit schön geschriebenen Worten werden Menschen eingewickelt und ein Bild heraufbeschworen, dass es gar nicht gibt. Hätten Tanja und Tom nur eine gewöhnliche Fernbeziehung von Stadt zu Stadt geführt, dann hätte sich Tom womöglich schon beim Kennenlernen geoutet, Tanja hätte sich persönlich ein Bild gemacht, bevor er das, was er ihr vermitteln wollte, in ihrem Kopf platziert hat.

Das Netzt erlaubt es, Menschen zu vertrösten und Unwahrheiten zu schreiben, die auf die Schnelle nicht kontrolliert werden können. Sie laden richtiggehend dazu ein, falsche Spiele zu spielen, da sich die Wahrheit über die Distanz leichter vertuschen lässt. E-Mails und SMS helfen dabei, dem Partner eine komplett erfundene Welt und falsche Tatsachen vorzugaukeln. Und leider ist vor lauter Sehnsucht nach dem Liebesglück so manch einer blind oder verschließt absichtlich die Augen.

Die Geschichte von KARIN UND KNUT

Eine positive Erfahrung mit der Liebe aus dem Internet konnte meine Freundin Karin machen. Sie lebte nach dem Tod ihres Mannes zehn Jahre lang allein und glaubte nicht daran, wieder einen Partner zu finden. Ihre Kinder waren mittlerweile aus dem Haus und hatten eigene Familien gegründet. Oft kam Karin in meine Beratung und erzählte mir von ihrer Einsamkeit. Sie war aber der festen Überzeugung, ein neues Glück stünde ihr in ihrem Alter nicht mehr zu. Das war vor zwei Jahren.

Heute ist Karin über beide Ohren in ihren Mann Knut verliebt, und das wohl gemerkt in der zweiten Lebenshälfte! Karin ist 58 Jahre alt, Knut 65. Der liebevolle Umgang, den die beiden miteinander haben, fällt allen sofort auf.

Karin erzählt rückblickend:

»Bei der Partnersuche braucht man Mut, um sich auf Neues einzulassen, besonders wenn man nicht mehr ganz jung ist und schon länger allein gelebt hat. Jeder entwickelt ja so seine Eigenarten. Nachdem ich entschieden hatte, dass ich nicht länger allein bleiben wollte, habe ich mich bei einer Partnerbörse angemeldet. Ich wollte das erst gar nicht, aber meine Freunde haben mich letztendlich dazu überredet. Also nahm ich all meinen Mut zusammen und erstellte ein Profil.«

Schon ein Profil richtig anzulegen, stellte sich als gar nicht so einfach dar. Bloß nicht die falschen Wörter benutzen, auch das Foto muss mit Bedacht ausgesucht werden. Karin holte sich Tipps bei Freunden, die schon Erfahrungen im Onlinedating hatten.

Zu Beginn lag es Karin so fern wie nichts anderes, sich auf so einer Plattform anzumelden. Doch schließlich ließ sie sich von ihren Freundinnen überreden, da es heute ja wirklich gang und gäbe ist, sich dort auf die Suche zu machen, und es in der »echten Welt« gleichzeitig immer schwieriger wird, noch jemanden zu finden.

Auch Knut lebte schon seit fünf Jahren allein und hatte mehrere halbherzige Affären hinter sich, wovon keine länger als drei Monate gehalten hat. Seit einem Jahr war er bei dem Portal angemeldet, bei dem sich jetzt auch Karin registrierte. Er erinnert sich:

»Bei der Partnerbörse habe ich viele schlechte Erfahrungen gemacht. Das Alter der Frauen stimmte nie, die Körper- und die Kleidergröße waren meist erfunden, und eine der Damen war sogar noch in festen Händen. Das sind eindeutig die schlechten Seiten des Onlinedatings, immer wieder kommt heraus, dass einer dem anderen etwas vorgaukelt. Doch dann bin ich auf Karin gestoßen. Ihr Foto sprach mich sofort an. Ich wartete drei Tage und überlegte noch einmal, ob ich nach den vielen

Reinfällen wirklich einen neuen Versuch starten sollte. Ich entschied mich, mit Karin zu telefonieren. Drei Wochen lang hörten wir uns von da an täglich. Schnell merkten wir, dass wir vieles gemeinsam hatten, und verabredeten uns. Wir trafen uns zum Kaffee, danach zum Essen, gingen ins Theater, und flogen dann direkt für ein Wochenende nach Mallorca, wo Karin ein Haus besitzt. Das war natürlich ein Wagnis – auf so engem Raum gleich ein ganzes Wochenende zusammen zu verbringen. Ich war unglaublich aufgeregt und kaufte mir sogar neue Kleidung für diese Reise. Wir starteten vom Flughafen München aus. Ich war hin und weg von Karin, richtiggehend schockverliebt! Ich glaube, schon nach dem ersten Treffen war es um mich geschehen.«

Karin berichtet:

»Er stand vor mir am Münchner Flughafen, sah so gut und gepflegt aus. Sogar sein Koffer war richtig schick. Meine Familie fand es gar nicht gut, dass ich so schnell mit ihm in mein Haus fliegen wollte: ›Wer weiß, womöglich ist er ein Heiratsschwindler oder Dieb oder gar ein Mörder.‹ Natürlich war ich nervös. Jahrelang war ich nur für mich allein zuständig gewesen. Ich fragte mich, ob ich mich noch einmal auf einen Mann einlassen könnte. Auch das Thema Sex stand im Raum. Ich war unsicher und voller Selbstzweifel. All diese dunklen Gedanken verflogen aber schon auf unserem Flug nach Mallorca. Knut war charmant und fürsorglich, ich hatte das Gefühl, dass wir uns schon seit Jahren kannten.

Um ehrlich zu sein, war ich schon seit unserer ersten Verabredung zum Kaffee in Knut verliebt, wollte es mir aber noch nicht eingestehen. Immer wieder überkam mich Angst. Doch nach diesem wunderbaren und unvergesslichen Wochenende war ich mir dann so sicher wie niemals zuvor in meinem Leben.«

Zurück in München geht alles ruckzuck. Das Wochenende war ein Traum, die beiden sind sich in allem, was wichtig ist, einig. So schnell wie möglich wollen sie zusammenziehen. Ihre Familien halten sie natürlich für verrückt.

Irgendwann meint Knut zu Karin: »Ich würde dich auf der Stelle heiraten!« Und Karin sagt ohne zu zögern Ja.

Es dauert noch einige Monate, bis Karin und Knut eine passende Wohnung gefunden haben. Auch die erwachsenen Kinder sind inzwischen mit allem einverstanden und freuen sich für die beiden. Knut hat vor Jahren sein Unternehmen verkauft und kann von diesem Geld sehr angenehm mit Karin leben. In einem Jahr geht Karin in Rente. Dann können die beiden ihr gemeinsames Glück in aller Ruhe genießen.

Die kleine romantische Hochzeit, die die zwei inzwischen gefeiert haben, war ein ganz besonderes Fest. Die Liebe der beiden spiegelte sich in jedem Detail wider. Bei den Gästen flossen viele Tränen der Rührung, und Karin und Knut konnten ihr Glück kaum fassen.

Heute, zwei Jahre später, sind Karin und Knut noch immer frisch verliebt. Sie haben ihren gemeinsamen Lebensrhythmus gefunden, gehen aufeinander ein und verhalten sich dem anderen gegenüber respektvoll. Wenn Probleme auftauchen, werden sie diskutiert und Lösungen gesucht. Karin und Knut wissen ihr spätes Glück sehr zu schätzen und empfehlen allen, die im Alter einsam sind, sich bei einer Partnerbörse anzumelden.

Das rät die Expertin

Egal ob uns die Liebe zufällig gefunden hat oder wir sie im Internet suchen mussten, die Schlüsselworte für eine gut gedeihende Beziehung sind immer dieselben: Respekt, Achtung, Verständnis und Kommunikation. Es gibt allerdings zwei Dinge, die zu beachten sind, wenn sich zwei Menschen im Internet kennengelernt haben und daraus eine Partnerschaft entstanden ist.
Der erste Punkt ist, dass sich beide Partner fairerweise sofort von dem Datingportal abmelden sollten. Man darf nicht vergessen, dass der Jagdtrieb häufig ein fester Bestand-

teil des Charakters ist. Üblicherweise schreibt man diese Eigenschaft vor allem Männern zu, doch gerade im Onlinedating entpuppen sich häufig auch die Frauen als verbissene Jägerinnen. Wenn einer der beiden auf dem Portal angemeldet bleibt, ist die Versuchung groß, immer mal wieder nachzuschauen, was sich da sonst noch so an eventuellen Partnern oder Partnerinnen tummelt.

Ein zweiter wichtiger Punkt ist, dass sich niemand der Illusion hingeben darf, dass alles, was man sich online gegenseitig versprochen hat, für immer gilt. Man hat eine Illusion vom Gegenüber aufgebaut, die sich im Netz viel leichter aufrechterhalten lässt als im persönlichen Kontakt, Lügen und Beschönigen ist einfach leichter, wenn man sich dabei nicht in die Augen schaut. Sobald die Wahrheit ans Licht kommt und der Schein erlischt, ist die Enttäuschung natürlich riesengroß. Irgendwann werden wie bei allen Paaren die ersten Alltagsprobleme auftauchen.

Bevor man sich auf einem solchen Portal anmeldet, sollte man sich außerdem bewusst machen, dass hier weitaus mehr geschummelt und beschönigt wird, als im »echten Leben«. Jeder versucht, sich bei einer Partnerbörse so gut wie möglich zu verkaufen. Da wird schnell mal eine andere Körpergröße angegeben, beim Alter werden beide Augen zugedrückt, und man schreibt von Hobbys, die man niemals wirklich ausgeübt hat.

Wenn man selbst anfangs sein Profil ein wenig verschönert hat, es aber trotz der kleinen Lügen gut ausgegangen ist und sich aus dem Onlinedating eine Beziehung entwickelt hat, gibt es nur eine Möglichkeit, mit dieser Sache umzugehen: Seien Sie nun ganz und gar ehrlich, stehen Sie zu Ihren Schummeleien und geloben Sie ab jetzt absolute Ehrlichkeit. Denn sonst müssen Sie fortan ständig in die Oper gehen, weil Sie das als eines Ihrer größten Hobbys angegeben haben, obwohl Sie damit in Wahrheit wenig anfangen können.

Jeder von uns ist einzigartig, und auch wenn man die Liebe über ein Partnerportal sucht, sind Menschen keine Katalogware. Von dieser Vorstellung müssen Mann und Frau sich sofort lösen. Dann kann alles gut werden.

TEIL 3

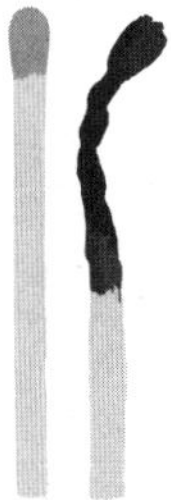

Sie haben nun viele Geschichten aus meiner Praxis gelesen, und vielleicht stehen sie auch vor einer großen Lebensveränderung. Sie spielen mit dem Gedanken, eine neue feste Beziehung einzugehen, eventuell mit Ihrem Partner zusammenzuziehen? Solche Entscheidungen sind nicht zu unterschätzen. Damit es eine harmonische Partnerschaft wird, sollten Sie sich selbst auf Herz und Nieren prüfen und ganz sichergehen, dass Sie bereit dafür sind, Kompromisse einzugehen, sich zu hundert Prozent auf jemanden einzulassen und Veränderungen zuzulassen. Wir alle wissen, dass es in der zweiten Lebenshälfte nicht leicht ist, eine neue Partnerschaft zu beginnen. Unsere eingefahrenen Eigenschaften lassen sich nicht einfach wegschieben. Die folgenden Übungen können Ihnen helfen, herauszufinden, ob Sie für den nächsten Schritt bereit sind.

Wir beginnen mit einem Fragebogen: Kreuzen sie Ja oder Nein an. Wenn sie mehr als viermal Nein angekreuzt haben, scheinen Sie noch nicht bereit für eine neue Partnerschaft zu sein und sollten noch etwas an sich arbeiten oder das Gespräch zu dem potenziellen neuen Partner suchen.

Führerschein für eine neue Partnerschaft

Bin ich bereit, mein Leben erneut zu teilen?

Ja Nein

Bin ich bereit, meine eingefahrenen Gewohnheiten hintanzustellen?

Ja Nein

Kann und will ich mich auf einen Partner und seine Gewohnheiten dauerhaft einstellen?

Ja Nein

Bin ich bereit, meine Wohnung aufzugeben und mit dem Partner zusammenzuziehen?

Ja Nein

Kann ich mich mit den Möbeln des Partners anfreunden?

Ja Nein

Kann ich mich auf eine neue Familie einstellen, zum Beispiel auf Eltern und Kinder des neuen Partners?

Ja Nein

Komme ich mit dem Freundeskreis des Partners zurecht, mag ich seine Freunde?

Ja Nein

Bin ich bereit, meine Freizeit und meine Freunde zu teilen?

Ja Nein

Kann ich dauerhaft einen Partner um mich herum ertragen?

Ja Nein

Ist meine Liebe groß genug für ein gemeinsames Leben?

Ja Nein

Ist es nur eine Illusion oder liebe ich wirklich?

Ja Nein

Werden meine erotischen Wünsche befriedigt?

Ja Nein

Gibt mir die neue Partnerschaft, was ich in früheren Partnerschaften vermisst habe?

Ja   Nein

Haben der neue Partner und ich genügend Gemeinsamkeiten?

Ja   Nein

Haben wir gemeinsame Ziele?

Ja   Nein

Sind wir uns einig über das Thema Familienplanung?

Ja   Nein

Vertrauen wir uns blind?

Ja   Nein

Können wir gemeinsam Probleme lösen?

Ja Nein

Können wir auch in Konfliktsituationen erwachsen miteinander kommunizieren?

Ja Nein

Die Schlüsselbegriffe einer funktionierenden Partnerschaft

Die folgenden Begriffe stellen Werte dar, die eine harmonische Partnerschaft ausmachen. Alle sind wichtige Bausteine einer Beziehung. Bitte überprüfen Sie, welche dieser Werte in Ihrer Partnerschaft vorhanden sind. Umkreisen Sie die Begriffe, die für Ihre Beziehung stehen. Wenn Sie mehr als sieben Begriffe umkreisen können, befinden Sie sich auf einem guten Weg!

Liebe

Zärtlichkeit

Sex

Vertrauen

Respekt

Achtung

Treue

Humor

Gemeinsame Freunde

Familie

Erfolg

Gesundheit

Der Fahrplan, der Sie raus aus Ihren alten Mustern führt

Wenn wir verliebt sind, rutschen wir häufig ganz automatisch in ein gewohntes Muster. Schuld ist die rosarote Brille der Verliebtheit. Wir wollen dem neuen Partner gefallen, nehmen uns zurück. Und das ist falsch. Damit Fehler sich nicht wiederhohlen, hier ein kleiner Fahrplan für die neue Beziehung:

1. Warten Sie nicht ständig auf einen Anruf, übernehmen Sie das Ruder, wenn Ihnen danach ist.
2. Stehen Sie nicht jederzeit parat, behalten Sie Ihre Hobbys.
3. Leben Sie nach Ihrer eigenen Uhr.
4. Pflegen Sie weiterhin Ihre Freundschaften.
5. Sagen Sie sofort, wenn Sie etwas stört.
6. Stecken Sie nicht zu viel zurück.
7. Schauen Sie ehrlich und genau auf den neuen Partner und seine Macken.
8. Notieren Sie Ihre Wünsche für die neue Beziehung.
9. Checken Sie immer wieder, ob Sie sich selbst treu geblieben sind, spielen Sie keine unnötigen Spielchen.
10. Vergleichen Sie den neuen Partner nie mit Ihrem Expartner.
11. Geben Sie sich hin, aber niemals auf.
12. Reden Sie über Ihre Wünsche.

Wunschzettel

Wenn ein Paar in meine Beratung kommt und beide der Meinung sind, dass ihre Wünsche und Zukunftsvorstellungen nicht zueinanderpassen, schlage ich ihnen vor, sich gegenseitig Wunschzettel zu schreiben. Gerade für Partner, die sich schwertun, ihre Wünsche zu formulieren, die sich vielleicht schämen oder in vergangenen Beziehungen schlechte Erfahrungen gemacht haben, kann diese Übung Wunder wirken. Vor allem in noch jungen Beziehungen wird häufig nicht die ganze Wahrheit gesagt, Wünsche werden nicht klar formuliert. Oder es wird nicht richtig zugehört, und die Brisanz eines Anliegens wird nicht erkannt.

Der Sinn der Wunschzettel ist, dem Partner mitzuteilen, was man für geheime, nicht ausgesprochene Wünsche hat. Das Ziel ist *nicht*, sich gegenseitig alle Wünsche zu erfüllen, sondern sich in der Mitte zu treffen. Dem Partner Raum zu lassen. Liebe bedeutet nicht, alles zusammen zu gestalten. Nein, jeder soll seinen Hobbys nachgehen können, sich auch mit den »Exfamilien« ohne schlechtes Gewissen treffen können. Jeder soll und darf sich mit Freunden auch mal alleine treffen. Jeder Partner benötigt alleine Erlebtes, umso freudiger und voller Sehnsucht nach dem Partner kommt er nach Hause zurück. Die Idee, dass von nun an alles zusammen gemacht und erlebt werden muss, kann extrem erdrückend sein.

Liebe bedeutet auch loslassen, den Partner so zu lassen wie er ist. Dann kann es eine harmonische Beziehung für beide Partner werden.

Ein Beispiel aus meiner Praxis ist das Folgende:

Karin schreibt auf ihren Wunschzettel, dass sie es schön fände, wenn ihr Mann nicht jeden Samstag den ganzen Tag bei seiner Mutter verbringen und erst am Abend nach Hause kommen würde. Denn so haben die beiden nie ein ganzes Wochenende für sich.

Als Nils in meiner Praxis mit diesem Wunsch konfrontiert wird, erwidert er, dass er diesem nicht nachkommen kann, da seine Mutter alleine ist. Er hat ein schlechtes Gewissen, wenn er nicht jeden Samstag Zeit mit ihr verbringt.

Nachdem wir einige Möglichkeiten durchgesprochen haben, einigen sich die beiden darauf, dass Nils künftig nur noch alle zwei Wochen zu seiner Mutter fährt. Wenn sich das einmal problematisch darstellt, weil die Mutter wirklich dringend Unterstützung benötigt, ist der Kompromiss, dass Nils nur den halben Tag dort bleibt und schon am Nachmittag wieder zu Hause ist, so bleibt noch genug gemeinsame Zeit für Karin und Nils.

Auf der nächsten Seite haben Sie Platz für Ihre eigenen Wünsche. Achten Sie darauf, sie so zu formulieren, dass Sie den Partner nicht direkt angreifen, bewahren Sie Respekt. Formulieren Sie möglichst viel in der Ichform, stellen Sie vielleicht auch Fragen, die zum Ziel führen könnten. In unserem obigen Fall könnte eine solche Frage lauten: »Findest du nicht auch, dass es schön wäre, wenn wir samstags mehr Zeit miteinander verbringen könnten?«

Fordern Sie Ihren Partner auf, auch einen solchen Wunschzettel zu formulieren. Wenn er das nicht möchte, ist es auch okay. Schaffen Sie eine gute Atmosphäre, wenn Sie ihm Ihren Wunschzettel übergeben oder vorlesen. Es sollte nicht im Streit geschehen, sondern vielleicht nach einem schönen Abendessen bei einem Glas Wein oder einer Tasse Tee.